AF281031

Globalización y marketing internacional

avanza editorial

Editado por:
EDITORIAL FAE, S.L.U.
Correo electrónico: editorial@editorialfae.com

Globalización y marketing internacional
Vicente Selva Belén
1ª Edición

ISBN: 978-84-1135-360-1

Impreso en España

Índice

U. A. 3. Estrategias empresariales

U. A. 4. Marketing y comercio exterior

Aplicaciones prácticas

Ejercicio de evaluación final

Solucionario

Bibliografía

Índice

U. A. 1. La economía global

Introducción

La economía global ha experimentado cambios significativos en las últimas décadas debido al proceso de globalización. Este fenómeno ha generado un impacto profundo en los sistemas económicos de todo el mundo, transformando la forma en que los países interactúan, comercian y compiten entre sí.

La globalización ha llevado a una mayor interconexión entre los países, fomentando el intercambio de bienes, servicios, capital y conocimientos a escala global. Además, esta ha generado desafíos y oportunidades para las empresas y los trabajadores en un entorno altamente competitivo.

Por otro lado, están las nuevas bases de competitividad en el contexto global. Existen una serie de estrategias que las empresas utilizan para mantenerse competitivas en un mercado globalizado, por ejemplo, la importancia de la innovación, la tecnología y la gestión del conocimiento. Además, estas variables influyen en la capacidad de las empresas para adaptarse a los cambios, generar ventajas competitivas y aprovechar las oportunidades que brinda la economía global.

La Organización Mundial del Comercio (OMC) desempeña un papel fundamental en el comercio internacional, estableciendo reglas y normas que regulan las transacciones económicas entre los países. Además, están las reglas del comercio internacional y los beneficios derivados de la liberalización del comercio, así como los desafíos asociados con la protección de los intereses nacionales y la equidad en el comercio global.

Asimismo, cabe señalar la relevancia de los organismos y entes internacionales en la economía global haciendo hincapié en el papel desempeñado por organizaciones como el Fondo Monetario Internacional (FMI), el Banco Mundial y la Organización para la Cooperación y el Desarrollo Económicos (OCDE). Estas instituciones promueven la cooperación económica, la estabilidad financiera y el desarrollo sostenible a nivel mundial. También el papel de las organizaciones regionales de integración económica y su contribución a la consolidación de la economía global.

A continuación, se explorarán los elementos clave de la economía global, centrados en temas como la globalización, la competitividad, el comercio internacional y la relocalización geográfica.

Objetivos

- Comprender el concepto de globalización y sus implicaciones económicas.
- Explorar las nuevas bases de competitividad en el contexto global.
- Conocer el papel de la Organización Mundial del Comercio (OMC) y las reglas del comercio internacional.
- Analizar el papel de los organismos y entes internacionales involucrados en la economía global.

U. A. 1. La economía global

1. La globalización: causas, características y tendencias

La globalización es un concepto complejo que ha sido ampliamente discutido por expertos en las últimas décadas. Se refiere a las características del capitalismo económico que han surgido desde las últimas décadas del siglo XX y continúan en la actualidad. Sin embargo, la globalización no se limita únicamente al ámbito económico, sino que también abarca aspectos sociales, políticos y culturales, que quedan, como nunca antes, interconectados.

Al analizar las características económicas de la globalización, se pueden identificar varios aspectos significativos que se están manifestando en la actualidad.

- **Aumento sin precedentes de los flujos financieros internacionales:** Los flujos de capital han experimentado un crecimiento espectacular, superando con creces los intercambios de productos industriales, alimentarios o servicios. Ejemplos como la gestión de puertos o centros comerciales en países europeos por parte de inversores asiáticos ilustran este fenómeno. Las bolsas internacionales y los mercados de valores se han convertido en las principales vías de entrada para estos capitales.

- **Expansión del comercio internacional**: Este fenómeno ha transformado nuestra vida cotidiana, ya que ahora nos encontramos rodeados de productos que se producen en lugares distantes, a miles de kilómetros de distancia. Todo ello por la aplicación de medidas de carácter librecambista.

- **Fusiones y creación de grandes empresas multinacionales**: Para competir en un mundo global, las empresas tienden a fusionarse y formar conglomerados que absorben a compañías más pequeñas. El resultado son grandes empresas multinacionales con un poder y una influencia considerable. Estas empresas se convierten en actores clave de la globalización y ejercen presión sobre gobiernos y autoridades políticas para evitar regulaciones o normativas que puedan perjudicar sus intereses.

Fig. 1. La globalización supone una interconexión constante entre todos los puntos del planeta

- **Deslocalización de la producción**: Las multinacionales, presentes en múltiples países, han distribuido su producción en distintas regiones del mundo. Los países desarrollados se centran en el diseño y los pasos más delicados de la producción, mientras que la fabricación, que requiere mano de obra intensiva, se lleva a cabo en países en vías de desarrollo.

- **Reducción del papel de los estados**: La influencia de los gobiernos en la economía se ha reducido considerablemente debido a la presión ejercida por las empresas multinacionales. Estas compañías demandan una disminución de impuestos y una menor regulación estatal en su contra. Como resultado, los estados tienen menos ingresos y limitadas capacidades para regular los aspectos económicos y sociales. Esto plantea desafíos para la provisión de servicios sociales y el equilibrio fiscal.

Además de las características mencionadas, el desarrollo tecnológico ha sido un factor fundamental en la globalización económica. La innovación y el avance tecnológico han impulsado la interconexión global, permitiendo la rápida circulación de información, la comunicación instantánea y la eficiencia en las transacciones comerciales a nivel internacional.

Aunque siempre ha existido el comercio entre diferentes pueblos y naciones, es a partir de finales de la Segunda Guerra Mundial cuando se observó un aumento significativo en las relaciones comerciales a nivel internacional. Pero que en las últimas décadas la globalización haya avanzado tanto, se debe a dos hechos importantes:

- **El intento de superar la crisis de 1973**: Muchos Estados y empresas se dieron cuenta de la necesidad de encontrar nuevos mercados. Como resultado, se redujeron las tarifas aduaneras y las empresas comenzaron a incursionar en el mercado internacional.

  Para superar esta crisis, se instó a los gobiernos a no interferir en la economía, permitiendo que la economía se rigiera por sus propias leyes. Esta visión se alineaba con el retorno al liberalismo clásico y se creía que fomentaría un aumento en la producción. También se instó a los gobiernos a reducir los impuestos a las empresas para reactivar la producción, bajo la influencia de lo que se vino en llamar neoliberalismo.

- **La caída de la Unión Soviética y los países socialistas**: Con la desaparición de estos regímenes y el fin de la Guerra Fría, el capitalismo encontró un nuevo campo de expansión en estos países, que abrazaron con entusiasmo el modelo capitalista.

  De hecho, autores como el politólogo Francis Fukuyama declaró "el Fin de la Historia", con el colapso soviético y el triunfo del capitalismo liberal, que sería el único sistema político y económico viable que acabaría por extenderse a todo el mundo. Esto condujo a una expansión económica sin precedentes.

Para que ocurriera la globalización económica, se requerían una serie de factores, estos se denominan factores de la globalización:

- **Desarrollo del neoliberalismo**. Se trata de una ideología que tiene como base y fundamento promover la no intervención del Estado en los asuntos económicos, promoviendo la libertad económica y la reducción de regulaciones gubernamentales. Surgió en la década de 1980 en Estados Unidos y el Reino

Unido, y posteriormente se extendió a algunos países europeos gobernados por partidos socialdemócratas. Además, el neoliberalismo se ha convertido en la doctrina predominante en los antiguos países comunistas y sigue ganando adeptos en diversas naciones.

Fig. 2. Margaret Thatcher, primera ministra de Reino Unido fue una de las grandes impulsoras del modelo neoliberal

- **Sociedad de la información**. La aparición y extensión de la sociedad de la información, con la evolución de la informática, Internet, las telecomunicaciones y otras tecnologías ha permitido la expansión de la producción a nivel mundial y la rápida movilidad de los recursos financieros.

- **Apertura de los mercados financieros y comerciales**. En este período, se implementaron acciones gubernamentales con el propósito de abrir los mercados financieros y eliminar barreras arancelarias. Estas medidas, en su mayoría, surgieron de acuerdos alcanzados en foros internacionales como la Organización Mundial del Comercio (OMC), entre otros.

Si bien la globalización se ha estudiado principalmente desde una perspectiva económica, también ha tenido importantes implicaciones políticas. Una de las consecuencias más significativas ha sido la reducción del poder de los gobiernos y los estados.

La ideología económica dominante que respalda la globalización, conocida como neoliberalismo, ha contado con el respaldo de importantes instituciones económicas a nivel internacional, como el Banco Mundial, el Fondo Monetario Internacional y la Organización Mundial del Comercio. Estas instituciones han ejercido presión sobre los gobiernos de diversos países para que adopten políticas alineadas con sus intereses, lo que ha llevado a la desregulación de sectores económicos y a la privatización de empresas estatales durante las décadas de 1980 y 1990.

El papel del Estado ha perdido vigor frente a otras instituciones económicas internacionales, de modo que estos han visto reducida su capacidad de acción. En los países democráticos, esto puede generar una paradoja, ya que las decisiones que afectan a la población no siempre son tomadas por los políticos elegidos democráticamente, sino por estas instituciones económicas internacionales.

Importante

El papel del Estado se ha debilitado en favor de las instituciones económicas internacionales. En los países democráticos, esto puede generar una paradoja, ya que las decisiones que afectan a la población no siempre son tomadas por los políticos elegidos democráticamente, sino por estas instituciones económicas internacionales con una menor legitimidad democrática.

Las consecuencias de la globalización son diversas, algunas son las que se mencionan a continuación.

Consecuencias positivas	Consecuencias negativas
Crecimiento económico. Acceso a innovaciones tecnológicas. Revolución en las comunicaciones que permite la conexión instantánea entre personas y empresas a pesar de la distancia geográfica.	• Desigualdad significativa entre países ricos y pobres, así como dentro de los propios países desarrollados, donde las brechas entre ricos y pobres han aumentado. • El trabajo se ha precarizado y las condiciones laborales han empeorado en muchos casos. Además, las diferencias entre el mundo rural y urbano se han acentuado, ya que la economía prioriza el mercado y los servicios se concentran en las ciudades, dejando a las zonas rurales con menos oportunidades y desinversión. • Se ha debilitado la protección social y ha generado un impacto negativo en los ciudadanos.

La forma actual de globalización ha generado protestas y críticas a nivel mundial. Estos movimientos, a menudo denominados "antiglobalización" se caracterizan por su diversidad, ya que representan una amplia gama de posiciones políticas, desde la extrema derecha hasta la extrema izquierda. Esta diversidad a veces dificulta que los movimientos mantengan una postura coherente.

Fig. 3. Los movimientos antiglobalización o alterglobalización critican que la globalización ha dejado de lado aspectos ambientales y sociales

Entre los movimientos críticos con la globalización, encontramos una variedad de actores, ONG como Intermón- Oxfam, colectivos como el Movimiento por la Justicia Global, el Foro Social Mundial, la organización ATTAC, la Marcha Mundial de Mujeres y el Movimiento de Resistencia Global (MRG), entre otros.

Estos movimientos plantean diferentes demandas para una globalización más justa:

- **Priorizar la política y la democracia sobre la economía**: Critican la falta de transparencia y el déficit democrático en los organismos económicos internacionales, abogando por un mayor control político y participación ciudadana en la toma de decisiones.
- **Promoción de políticas favorables a los países en vías de desarrollo**: Se centran en los países que son considerados los grandes perdedores de la globalización, buscando medidas que promuevan su desarrollo y reduzcan las desigualdades económicas y sociales.
- **Globalizar los derechos humanos mediante una justicia universal**: Demandan la universalización de los derechos humanos, asegurando su aplicación en todos los países y denunciando las violaciones que ocurren en diferentes partes del mundo.
- **Generalizar los derechos sociales y económicos en todos los países**: Buscan la extensión de los derechos sociales, como la educación, la salud y la

seguridad social, para garantizar un nivel básico de bienestar en todos los países.

- **Respetar los derechos de género a nivel global**: Se aboga por la importancia de asegurar la equidad de género a nivel global, no solo en naciones desarrolladas, mediante la promoción de igualdad de oportunidades y el pleno respeto de los derechos de las mujeres.

- **Proteger el medio ambiente**: Destacan la importancia de priorizar la preservación del medio ambiente por encima de los intereses económicos, especialmente ante la amenaza del cambio climático. Abogan por medidas y políticas que promuevan la sostenibilidad y la protección del entorno natural.

Anotación

Aunque la globalización ha generado grandes beneficios a la humanidad, no está exenta de otros efectos negativos que han provocado críticas desde diferentes agentes sociales.

2. Nuevas bases de competitividad

En los últimos años, se ha presenciado una acelerada transformación en el ámbito de los negocios y el comercio a nivel global. La globalización, impulsada por avances tecnológicos, la interconexión de los mercados y la movilidad de personas, bienes y servicios, ha generado un entorno altamente competitivo y en constante evolución. En este contexto, comprender las nuevas bases de competitividad se ha vuelto crucial para empresas y países que buscan mantenerse relevantes y prosperar en el mercado global.

La globalización ha abierto innumerables oportunidades y desafíos para las empresas. Por un lado, ha permitido el acceso a nuevos mercados, la expansión de las operaciones y la posibilidad de colaborar con socios comerciales en diferentes partes del mundo. Por otro lado, ha intensificado la competencia, tanto a nivel nacional como internacional, exigiendo a las organizaciones una constante adaptación y búsqueda de ventajas competitivas.

Uno de los pilares fundamentales en las nuevas bases de competitividad es la innovación tecnológica y la digitalización. El vertiginoso avance de la tecnología ha revolucionado la forma en que las empresas operan, interactúan con los clientes y se adaptan a las demandas del mercado.

Fig. 4. La posibilidad de expansión ofrece grandes oportunidades, pero también desafía a las pequeñas y medianas empresas

 **Importante**

Aquellas organizaciones que logran adoptar y aprovechar tecnologías disruptivas, como el aprendizaje automático o el big data podrán disfrutar de una ventaja competitiva significativa.

Además de la innovación tecnológica, el capital humano y las habilidades especializadas desempeñan un papel crucial en la competitividad. En un mercado global altamente competitivo, las empresas y los países que invierten en la formación y desarrollo de su talento humano pueden diferenciarse.

La capacidad de adaptarse rápidamente a los avances tecnológicos, la creatividad, el pensamiento crítico y las habilidades interculturales son cada vez más valoradas y demandadas en el mercado laboral. La colaboración entre empresas, instituciones educativas y gobiernos para fomentar la educación STEM (ciencia, tecnología, ingeniería y matemáticas) se vuelve esencial para asegurar una base sólida de habilidades especializadas y promover la competitividad a largo plazo.

Fig. 5. La globalización y la internacionalización de los mercados no se puede entender sin la revolución tecnológica vivida en las últimas décadas

No se puede pasar por alto la creciente importancia de la sostenibilidad y la responsabilidad social en las nuevas bases de competitividad. En un mundo donde la conciencia ambiental y social está en aumento, las empresas que adoptan prácticas sostenibles en sus operaciones y promueven la responsabilidad social corporativa tienen una ventaja competitiva en términos de imagen de marca y preferencia de los consumidores.

La gestión responsable de los recursos naturales, la reducción de emisiones, la eficiencia energética y la promoción de prácticas éticas en la cadena de suministro son factores que no solo generan beneficios a largo plazo, sino que también permiten el acceso a nuevos mercados y la mitigación de riesgos reputacionales.

Finalmente, el acceso a mercados internacionales y la colaboración global se han vuelto esenciales para la competitividad en el mercado global. Las compañías que se benefician de los tratados comerciales, las asociaciones estratégicas y las redes de colaboración tienen la oportunidad de ingresar a mercados nuevos, ampliar su base de clientes y aprovechar las economías de escala.

En el contexto de la globalización, es fundamental tener la capacidad de adaptarse a diversas culturas empresariales, superar obstáculos comerciales y aprovechar las oportunidades de negocio en distintas regiones del mundo para mantener la competitividad.

Con un mundo tan interconectado como el de hoy, donde los cambios se producen de forma vertiginosa, la innovación tecnológica y la digitalización se han convertido en cuestiones que no deben dejarse se lado para mantener una posición competitiva en los mercados globales. Las empresas que adoptan y aprovechan tecnologías disruptivas están redefiniendo la forma en que operan, interactúan con los clientes y se adaptan a las demandas del mercado. En este punto del análisis, se debe explorar en detalle el papel de la innovación tecnológica y la digitalización como impulsores clave de la competitividad empresarial.

La implementación de tecnologías disruptivas como la inteligencia artificial (IA), el aprendizaje automático, el Internet de las cosas (IoT) y la computación en la nube ha abierto un amplio espectro de posibilidades para las organizaciones. Estas tecnologías permiten la automatización de tareas, la optimización de procesos y la captura y análisis de grandes volúmenes de datos en tiempo real, lo que se traduce en mejoras significativas en la eficiencia y la toma de decisiones basadas en información precisa.

Aquellas empresas que logran implementar estas tecnologías de manera efectiva tienen la capacidad de ofrecer productos y servicios más competitivos, adaptados a las necesidades particulares de los clientes y con un mayor valor añadido.

 **Anotación**

La innovación tecnológica y la digitalización no solo afectan a las grandes corporaciones, sino que también brindan oportunidades para las pequeñas y medianas empresas (PYME). Las tecnologías digitales han democratizado el acceso al mercado global, permitiendo a las PYME expandir su alcance y competir en un escenario internacional.

La adopción de soluciones tecnológicas asequibles, como plataformas de comercio electrónico, herramientas de marketing digital y sistemas de gestión empresarial basados en la nube, ha nivelado el campo de juego y ha permitido a las PYME alcanzar nuevos mercados y clientes de manera más eficiente.

Además de los beneficios directos en términos de eficiencia y agilidad, la innovación tecnológica y la digitalización también impulsan la creación de nuevos modelos de negocio y la aparición de industrias disruptivas.

Ejemplo

Compañías de renombre, como Uber, Airbnb y Netflix son un buen ejemplo de cómo la tecnología ha desafiado los modelos tradicionales y han abierto nuevas oportunidades para la generación de valor y la interacción con los consumidores.

No obstante, es fundamental considerar que la incorporación de la innovación tecnológica y la digitalización conlleva desafíos significativos. El rápido ritmo de los avances tecnológicos, combinado con la necesidad constante de actualización y adaptación, puede resultar abrumador para muchas organizaciones.

Asimismo, la brecha digital y la falta de acceso a la tecnología en ciertas regiones y sectores de la sociedad plantean desafíos en términos de equidad y oportunidades. Por lo tanto, es necesario abordar estos desafíos y promover políticas inclusivas que fomenten la adopción de tecnología y la capacitación digital en todos los niveles.

En el contexto de la creciente globalización y la rápida evolución del mercado, el capital humano y las habilidades especializadas han adquirido una relevancia sin precedentes para la competitividad empresarial. Por eso, la inversión en el desarrollo de habilidades especializadas se ha convertido en un requisito esencial. Las empresas que reconocen la importancia de contar con profesionales altamente capacitados y actualizados en las últimas tendencias y tecnologías tienen una clara ventaja en el mercado.

Fig. 6. La formación continua es una de las mejores herramientas para que las personas trabajadoras puedan adaptarse a los cambios en un mundo tan cambiante como el actual

Establecer alianzas estratégicas que promuevan la educación STEM (ciencia, tecnología, ingeniería y matemáticas) puede impulsar la competitividad a largo plazo al garantizar que las habilidades necesarias estén en línea con las demandas del mercado.

Otro elemento a tener en cuenta es la promoción de programas de formación y capacitación continua, que permite a las personas trabajadoras adquirir nuevas competencias a medida que las necesidades del mercado evolucionan.

Es importante destacar que el capital humano no solo se refiere a las habilidades técnicas y profesionales, sino también a las habilidades blandas o *soft skills*. Algunas de estas habilidades son:

- Comunicación efectiva.
- Trabajo en equipo.
- Liderazgo.
- Resolución de problemas.

Estas son fundamentales para el éxito empresarial en un entorno global. La capacidad de colaborar en equipos multiculturales, adaptarse a diferentes entornos y gestionar la diversidad se ha vuelto cada vez más importante a medida que las empresas operan en mercados internacionales.

Asimismo, la dedicación de recursos a la formación y desarrollo del capital humano no solo reporta beneficios a las empresas, sino también a las naciones en su totalidad.

Aquellos gobiernos que reconocen la importancia de una educación de calidad y el fomento de habilidades especializadas pueden crear un entorno propicio para la innovación, el espíritu emprendedor y el crecimiento económico sostenible. Al promover una fuerza laboral altamente capacitada y competitiva, los países pueden atraer inversiones, generar empleos de calidad y fortalecer su posición en el mercado global.

Importante

La capacidad de adaptarse rápidamente a los avances tecnológicos, la creatividad, el pensamiento crítico y las habilidades interculturales son habilidades altamente valoradas en la actualidad.

En un mundo cada vez más consciente de los desafíos ambientales y sociales, la sostenibilidad y la responsabilidad social se han convertido en pilares fundamentales para la competitividad empresarial. En este punto, hay que explorar cómo la adopción de prácticas sostenibles y la responsabilidad social pueden generar ventajas competitivas y mejorar la posición de las empresas en el mercado global.

La sostenibilidad se refiere a la capacidad de las empresas para operar de manera rentable a largo plazo, considerando el impacto ambiental, social y económico de sus actividades. En la actualidad, los consumidores están cada vez más conscientes del impacto ambiental de los productos y servicios que adquieren, y buscan empresas que ofrezcan soluciones sostenibles. Aquellas compañías que incorporan la sostenibilidad en su estrategia y operaciones pueden obtener importantes ventajas.

La adopción de prácticas para reducir emisiones y aumentar la eficiencia energética no solo contribuye a la preservación del medio ambiente, sino que también puede generar ahorros en costos y mejorar la eficiencia operativa.

Además, es fundamental para la sostenibilidad que las empresas gestionen de manera responsable los recursos naturales y promuevan prácticas éticas en su cadena de suministro. Esto implica asegurar una cadena de suministro responsable que proteja los derechos humanos y laborales, respete a las comunidades locales y mantenga la transparencia en sus operaciones. Al hacerlo, las empresas pueden ganarse la confianza de los consumidores y acceder a nuevos mercados.

Cada vez más, los consumidores prefieren empresas que se comprometen con la responsabilidad social y toman en cuenta el impacto de sus operaciones en las comunidades y el entorno en el que operan.

Por otro lado, la responsabilidad social corporativa (RSC) es otro aspecto fundamental en la competitividad empresarial en el mercado global. Se trata, por tanto, de un enfoque empresarial que implica que las organizaciones asuman la responsabilidad de los impactos que generan en los ámbitos social, económico y ambiental, contribuyendo así al desarrollo sostenible de las comunidades en las que operan.

Fig. 7. La RSC debe fomentar la adopción de prácticas responsables y transparentes

Al comprometerse con proyectos y programas sociales, como iniciativas educativas, desarrollo comunitario y mejoras en la calidad de vida, las empresas pueden generar un impacto positivo y fortalecer su reputación y posicionamiento en el mercado global.

La RSC va más allá de las obligaciones legales y busca generar un valor compartido para todas las partes interesadas, promoviendo una cultura empresarial ética y sostenible. Al adoptar prácticas responsables y transparentes, las empresas pueden fomentar la confianza de los consumidores y acceder a nuevos mercados, además de contribuir al bienestar de las comunidades y al cuidado del medio ambiente.

Además, la responsabilidad social también fortalece la relación con otros grupos de interés, como los empleados, los inversionistas y las comunidades locales, lo que contribuye a construir una reputación sólida y duradera.

Hay que resaltar que la sostenibilidad y la responsabilidad social son factores clave en la estrategia empresarial, no solo desde una perspectiva ética, sino también como impulsores de la competitividad. En un contexto donde los consumidores están cada vez más informados y exigentes, las empresas que adoptan prácticas sostenibles y responsables tienen una ventaja competitiva significativa. Al alinearse con los valores y las expectativas de los consumidores, estas empresas ganan la confianza y la preferencia de los clientes, lo que a su vez se traduce en un mayor éxito comercial.

Asimismo, los inversores y los mercados financieros también consideran cada vez más los aspectos de sostenibilidad y responsabilidad social al evaluar el desempeño y el valor de las empresas.

Sin embargo, se debe tener en cuenta que la sostenibilidad y la responsabilidad social no son conceptos estáticos, sino que evolucionan constantemente. Las empresas deben estar dispuestas a adaptarse y responder a los nuevos desafíos y expectativas del mercado.

 **Importante**

La sostenibilidad y la responsabilidad social son elementos esenciales para el éxito empresarial en un entorno global cada vez más consciente y comprometido con el bienestar social y ambiental.

Por otro lado, se debe explorar cómo la apertura a los mercados internacionales y la colaboración entre empresas y países pueden generar ventajas competitivas y fortalecer la posición de las organizaciones en un entorno empresarial globalizado.

La globalización ha derribado las barreras geográficas y ha creado oportunidades sin precedentes para que las empresas expandan sus operaciones más allá de las fronteras nacionales. Los acuerdos comerciales y las políticas de liberalización han facilitado el acceso a mercados extranjeros, reduciendo las barreras arancelarias y promoviendo un entorno más favorable para el comercio internacional.

Fig. 8. Los acuerdos entre diferentes agentes son fundamentales en un escenario de internacionalización económica y empresarial

 **Importante**

Las empresas que aprovechan estas oportunidades pueden diversificar sus fuentes de ingresos, acceder a nuevos segmentos de clientes y ampliar su base de operaciones, lo que les proporciona una ventaja competitiva significativa.

Además, la colaboración global se ha vuelto esencial para la competitividad empresarial. Las alianzas estratégicas y las redes de cooperación permiten a las empresas combinar recursos, conocimientos y capacidades con socios internacionales para enfrentar desafíos comunes y aprovechar oportunidades de negocio.

Estas colaboraciones pueden manifestarse en diferentes formas, como, por ejemplo:

- Creación de *joint ventures*.
- Formación de consorcios internacionales.
- Participación en redes de suministro global.

Al colaborar con socios internacionales, las empresas pueden beneficiarse de economías de escala, compartir riesgos y conocimientos especializados, y acceder a recursos que de otra manera serían difíciles de obtener.

Vocabulario

Joint ventures: asociación comercial temporal entre dos o más empresas que se unen para llevar a cabo un proyecto específico o una actividad comercial, compartiendo riesgos, inversiones y beneficios.

La capacidad de adaptarse a diferentes culturas empresariales y superar las barreras comerciales y regulatorias también es crucial en el mercado global. Cada país tiene sus propias normas y regulaciones comerciales, así como su propia cultura empresarial, que pueden presentar desafíos únicos para las empresas extranjeras.

Aquellas organizaciones que desarrollan una comprensión profunda de los mercados internacionales establecen relaciones sólidas con socios locales y se adaptan rápidamente a las demandas y expectativas de los clientes internacionales tienen una mayor probabilidad de éxito en un entorno empresarial globalizado.

Asimismo, la colaboración global también puede generar beneficios en términos de innovación y desarrollo de productos. Al interactuar con empresas y profesionales de diferentes partes del mundo, se abren nuevas perspectivas y oportunidades para la generación de ideas y la creación de soluciones innovadoras.

Las empresas que fomentan la colaboración global pueden aprovechar la diversidad de conocimientos y experiencias, impulsando la creatividad y la capacidad de respuesta ante las cambiantes demandas del mercado.

3. La OMC y las reglas del comercio internacional

Las organizaciones internacionales son entidades compuestas por varios países que se unen con el objetivo de abordar asuntos y desafíos comunes a nivel global. Estas organizaciones se establecen mediante acuerdos y tratados internacionales y suelen tener una estructura formal con reglas y procedimientos establecidos.

Fig. 9. Las relaciones internacionales, también en el ámbito del comercio, están reguladas por diferentes reglas, entre ellas, las que emanan de la ONU

Desempeñan un papel esencial en fomentar la colaboración y el trabajo conjunto entre los Estados integrantes en una amplia variedad de áreas, abarcando desde la preservación de la paz y la seguridad, hasta la promoción de los derechos humanos, el crecimiento económico, el comercio internacional, la protección del medio ambiente, la salud o la educación, entre otras.

Las organizaciones internacionales actúan como plataformas para el diálogo, la negociación y la toma de decisiones en beneficio de la comunidad internacional. Además, ofrecen un espacio propicio para la identificación de desafíos comunes y la búsqueda de soluciones conjuntas, fortaleciendo así la cooperación global y contribuyendo al desarrollo sostenible y al bienestar de las naciones involucradas.

Estas organizaciones pueden tener diferentes alcances y objetivos. Algunas organizaciones internacionales, como las Naciones Unidas (ONU), tienen una membresía casi universal y buscan abordar los desafíos globales a gran escala. Otras organizaciones internacionales pueden tener un enfoque regional o temático más específico, como la Unión Europea (UE) o la Organización Mundial del Comercio (OMC), entre muchas otras.

Anotación

Las organizaciones internacionales brindan un foro para que los países miembros discutan, negocien y tomen decisiones conjuntas sobre cuestiones de interés común. También pueden desempeñar un papel importante en la formulación de normas y estándares internacionales, así como en la implementación y supervisión de acuerdos y compromisos internacionales.

La Organización Mundial del Comercio (OMC) se define como la organización internacional que "administra e sistema mundial de normas comerciales y ayuda a los países en desarrollo a crear capacidad comercial", además, de ser un "foro para que sus miembros negocien acuerdos comerciales y resuelvan los problemas comerciales que se plantean entre ellos". Por tanto, juega un papel fundamental al supervisar y asegurar el cumplimiento de los acuerdos comerciales internacionales. Estos acuerdos obligan a los gobiernos a mantener políticas comerciales coherentes con dichas normas.

Objetivo

El objetivo de todo el trabajo que desarrolla esta entidad no es otro que respaldar a los actores comerciales al promover un entorno estable y predecible, fomentando la actividad económica y la integración de las economías en el sistema global.

La OMC se enfoca en fomentar la liberalización del comercio como otro de sus principales objetivos. Busca eliminar barreras de todo tipo, como las arancelarias que obstaculizan el flujo comercial, permitiendo así un acceso más equitativo a los mercados y estimulando el crecimiento económico.

Para lograrlo, es fundamental que las reglas y regulaciones comerciales sean transparentes, predecibles y estén basadas en principios justos y equitativos. Esto proporciona seguridad y confianza tanto a los actores comerciales como a los gobiernos, evitando cambios abruptos en las políticas comerciales y fomentando la estabilidad en el comercio internacional.

Además, la OMC cuenta con un mecanismo de solución de controversias para abordar los conflictos comerciales entre los países miembros. Este mecanismo se basa en un proceso imparcial y basado en reglas, donde se brinda a las partes involucradas la oportunidad de presentar sus argumentos y evidencias. El objetivo es alcanzar una resolución justa y equitativa de las disputas comerciales, evitando el recurso a medidas unilaterales y promoviendo la cooperación y el respeto mutuo entre los países.

 **Importante**

La OMC busca mejorar el bienestar de las personas en todo el mundo. Según el Acuerdo de Marrakech, que dio origen a la OMC, el comercio debe contribuir a elevar los niveles de vida, lograr el pleno empleo, aumentar los ingresos reales y utilizar de manera óptima los recursos globales.

La Secretaría de la OMC desempeña un papel fundamental al contar con un equipo de expertos altamente capacitados en áreas diversas, como derecho, economía, estadísticas y comunicaciones. Estos profesionales ofrecen un respaldo constante a los Estados miembros en diferentes materias, así como la correcta implementación y cumplimiento de las normas que rigen el comercio internacional.

En la OMC, las negociaciones comerciales son uno de los pilares fundamentales. Los Acuerdos de la OMC abarcan una amplia gama de aspectos, incluyendo el comercio de bienes, servicios y propiedad intelectual, estableciendo principios que promueven la liberalización y regulaciones excepcionales.

Estos acuerdos comprenden compromisos para reducir los aranceles aduaneros y eliminar otras barreras comerciales, además de abrir y mantener mercados de servicios. Asimismo, se establecen procedimientos para resolver controversias comerciales.

Anotación

Los Acuerdos de la OMC están sujetos a revisiones periódicas y nuevas negociaciones, como parte del Programa de Doha para el Desarrollo, que se inició en 2001.

La OMC también se encarga de supervisar y garantizar el cumplimiento de los acuerdos comerciales. Los gobiernos tienen la responsabilidad de mantener la transparencia en sus políticas comerciales al notificar las leyes y medidas vigentes a la OMC. Además, la organización cuenta con diversos consejos y comités encargados de asegurar el cumplimiento de estas disposiciones y la correcta implementación de los Acuerdos.

La solución de disputas desempeña un papel fundamental en la OMC para garantizar el cumplimiento de las normas comerciales. A través del mecanismo de solución de controversias, expertos imparciales designados para cada caso emiten dictámenes basados en la interpretación de los Acuerdos y los compromisos asumidos por cada país.

Fig. 10. En las reuniones de la OMC participan representantes de todos los Estados miembros

Anotación

Los Estados miembros de la OMC están sujetos a exámenes periódicos de sus políticas y prácticas comerciales, que incluyen informes presentados por los países evaluados y la Secretaría de la OMC.

4. Organismos y entes internacionales

Además de la OMC, existen otros organismos y entes internacionales que de forma directa o indirecta actúan e influyen en el comercio internacional y las relaciones económicas y comerciales entre los diversos países del mundo.

A. Fondo Monetario Internacional

El Fondo Monetario Internacional (FMI) es una organización que se describe a sí misma como "la institución centra del sistema monetario internacional, es decir, el sistema de pagos internacionales y tipos de cambio de las monedas nacionales que permite la actividad económica entre los países" (FMI, 2004).

Fig. 11. El FMI es una de las grandes organizaciones internacionales de la actualidad

Partiendo de esta base, hay que reconocer que desempeña un papel fundamental en el contexto del comercio internacional, aunque su principal mandato se centra en la estabilidad financiera y el desarrollo económico a nivel global.

No obstante, también aborda aspectos relacionados con el comercio en su labor y proporciona orientación y asesoramiento a sus países miembros en términos de políticas económicas favorables al comercio.

Este organismo reconoce la relevancia del comercio internacional como motor del crecimiento económico y promueve la liberalización del comercio como una vía para fomentar la prosperidad y reducir la pobreza. Mediante sus programas y políticas de asistencia técnica, el FMI colabora estrechamente con los países miembros para fortalecer sus capacidades comerciales, mejorar la eficiencia y competitividad de sus sectores exportadores, y estimular la integración económica en el ámbito global.

B. Banco mundial

"Conformado por 189 países miembros, con personal de más de 170 países, y oficinas en más de 130 lugares, e Grupo Banco Mundial es una asociación mundial única: las cinco instituciones que lo integran trabajan para reducir la pobreza y generar prosperidad compartida en los países en desarrollo". Así es como se presenta esta institución en su sitio web. Sin duda, se trata de otro actor fundamental en el escenario internacional.

Desde su fundación juega un rol de vital importancia ya que su principal objetivo es impulsar el crecimiento económico y el desarrollo sostenible en los países en desarrollo. Por eso, aunque el comercio internacional no es su principal campo de acción, sí participa de forma indirecta en su promoción. Entre sus funciones se encuentran la de ofrecer asistencia técnica y conocimientos para fortalecer las capacidades comerciales y en los diferentes países que forman parte.

El Banco Mundial tiene como objetivo principal abordar los obstáculos y dificultades que los países en desarrollo enfrentan en el ámbito del comercio internacional. Esto implica enfrentar desafíos como los elevados costos logísticos, las restricciones comerciales, la falta de habilidades comerciales y la exclusión de los mercados globales, para lo cual, apuesta por ofrecer respaldo financiero y técnico, para asegurar que estos países tengan igualdad de oportunidades y puedan beneficiarse plenamente de las posibilidades comerciales a nivel mundial.

C. Banco de Pagos Internacionales

El Banco de Pagos Internacionales (BPI) desempeña un papel de gran magnitud en el comercio internacional al actuar como un banco central para bancos centrales. Su misión, tal y como explica en si sitio web, es "apoyar la búsqueda de la estabilidad monetaria y financiera de los bancos centrales a través de la cooperación internacional, y actuar como un banco para los bancos centrales".

Partiendo de esta descripción elaborada por la propia entidad, es cierto que no está directamente involucrado en el comercio internacional, su influencia y funciones son fundamentales para el funcionamiento del sistema financiero global, una parte imprescindible para facilitar el desarrollo del comercio internacional.

Fig. 12. Aunque no es una de las más conocidas, el papel del Banco de Pagos Internacionales es fundamental

Además, el BPI tiene la responsabilidad de recopilar, analizar y divulgar datos sobre transacciones internacionales, lo cual proporciona una visión integral de las tendencias y los riesgos. Esta información resulta esencial para los responsables políticos, los bancos centrales y otros actores involucrados en el comercio internacional, ya que les permite comprender y responder a los desafíos y cambios presentes en los mercados financieros internacionales. Esto implica trabajar en favor de políticas y directrices orientadas a abordar los riesgos asociados al comercio internacional, tales como el riesgo crediticio, el riesgo de tipo de cambio y el riesgo de liquidez.

D. Cámara de Comercio Internacional

La Cámara de Comercio Internacional (CCI) es una entidad global dedicada a fomentar el comercio internacional y representar los intereses empresariales en todo el mundo. Establecida en 1919 y con sede en París, Francia, esta trabaja para facilitar el intercambio comercial entre países, promover estándares comerciales y resolver disputas de manera justa.

La CCI brinda una plataforma que permite a las empresas participar en la formulación de políticas comerciales y colaborar con gobiernos y otras partes interesadas para crear un entorno comercial favorable. Además, establece reglas y estándares comerciales reconocidos a nivel internacional que definen las responsabilidades y condiciones de entrega en contratos de venta internacionales.

Asimismo, desempeña un papel destacado en la resolución de disputas comerciales a través de su Tribunal Internacional de Arbitraje, ofreciendo un mecanismo neutral y eficiente para resolver conflictos de manera confidencial.

Por otro lado, esta cuenta con una amplia red de miembros que incluye empresas de diversos tamaños y sectores, lo cual la convierte en una plataforma valiosa para el intercambio de conocimientos y experiencias empresariales.

E. Conferencia de las Naciones Unidas sobre Comercio y Desarrollo

La Conferencia de las Naciones Unidas sobre Comercio y Desarrollo (UNCTAD) surge para dar extender los beneficios de la globalización a todas las partes del planeta. "La globalización, incluyendo la extraordinaria expansión del comercio, ha ayudado a millones de personas a salir de la pobreza. Pero no se han beneficiado suficientes personas. Y siguen existiendo enormes desafíos", explican en su sitio web.

Por su naturaleza, se trata de otra de las organizaciones internacionales que posee una vinculación clara con el comercio internacional. En este caso, tal y como explica en su página web, apuesta por "promover el comercio internacional inclusivo y sostenible, así como el desarrollo económico de los países en desarrollo" ayudándoles a fortalecer las capacidades de estos países en áreas clave como el comercio, la inversión, la tecnología y la financiación, con el fin de promover su desarrollo económico y social. Un trabajo que desarrolla desde Ginebra, Suiza, desde que se fundó hace más de cincuenta años, en 1964.

La asistencia técnica y el asesoramiento a los Estados miembros en diferentes materias son las herramientas utilizadas por esta organización para tratar de lograr sus objetivos.

F. Organización para la Cooperación y el Desarrollo Económicos

---

Sin duda, una de las organizaciones que ocupa un papel preponderante en el escenario internacional, es la Organización para la Cooperación y el Desarrollo Económicos (OCDE). Actualmente cuenta con 38 Estados miembros, que comparten un objetivo común promover políticas que mejoren el bienestar económico y social de las personas en todo el mundo. Fue fundada en 1961 y tiene su sede en París, Francia.

La OCDE se dedica a analizar y discutir políticas económicas, sociales y ambientales, y ofrece asesoramiento a sus países miembros sobre cómo abordar los desafíos y promover el desarrollo sostenible. Estos objetivos tratan de hacerlos realidad a través de la cooperación y la promoción de las relaciones entre los diferentes Estados para que compartan sus experiencias, tratando de identificar las mejores y más efectivas prácticas

Además, esta desempeña un papel importante en la promoción de estándares internacionales y en la lucha contra la evasión fiscal y la corrupción. A través de sus iniciativas, como el Foro Global sobre Transparencia e Intercambio de Información para Fines Fiscales y la Convención Anti-Soborno, la organización busca fortalecer la cooperación internacional en estos ámbitos y promover prácticas empresariales responsables.

5. Relocalizacion geográfica

Un fenómeno que ha ganado cada vez más relevancia en el ámbito del comercio internacional es el proceso de regionalización. Se trata de un concepto opuesto a la deslocalización y consiste en recuperar industrias y actividades que habían sido trasladadas a otros países.

Aunque se ha investigado ampliamente sobre la deslocalización y la globalización, el interés en la regionalización es más reciente y aún no existe un consenso científico sobre las teorías que explican este proceso. No obstante, sí existen diversas explicaciones e hipótesis sobre los factores que influyen en la localización de las empresas, tales como los costos en diferentes ámbitos, la existencia de una legislación más favorable a los intereses.

Fig. 13. La relocalización supone devolver a los países de origen fases de la producción que se habían deslocalizado a otros lugares

Dentro del concepto de relocalización, se distinguen dos posibilidades: el retorno de la producción al país de origen, conocido como *reshoring*, y la reubicación de la producción en un país cercano que ofrece ventajas competitivas, conocido como *nearshoring*.

Antes de la crisis del Covid-19, se observó un incremento estas prácticas, impulsado por diversos factores. Uno de ellos fue la disminución de las ventajas de costos en economías emergentes, lo cual llevó a reevaluar los beneficios de la deslocalización. Además, se evidenció una subestimación del costo total asociado a la externalización de la producción. Asimismo, se reconoció la importancia de tener una producción cercana a los mercados y a los centros de innovación.

Diversos eventos, como el tsunami en Japón en 2011 o la erupción volcánica en Islandia en 2012, revelaron la vulnerabilidad de las cadenas de suministro y el riesgo de interrupciones que podrían extenderse rápidamente, afectando tanto a proveedores como a clientes. Unas dificultades que también se vivieron durante la epata en la que la pandemia afectó de forma severa a la práctica totalidad de las economías del planeta. Así pues, estos sucesos destacaron la necesidad de contar con una mayor seguridad y estabilidad en las operaciones.

Además, la conciencia sobre la dependencia de ciertas economías, como China, ha llevado a un cambio en las políticas hacia posturas más proteccionistas y nacionalistas.

Un ejemplo es el lema que se ha extendido en los últimos tiempos en Estados Unidos, *"Make America Great Again"* (hacer América grande otra vez) o *"America First"* (primero América), promovido por gobernantes como Donald J. Trump; o la campaña por la salida de Reino Unido de la Unión Europea, apoyada por la mayor parte de la población británica que se saldó con el Brexit.

En este contexto, la relocalización y la reindustrialización han surgido como estrategias para recuperar el liderazgo económico, generar valor añadido, crear empleo y atraer inversiones en las economías más avanzadas.

6. Integración económica

Además de la Organización Mundial del Comercio, de la cual forman parte la inmensa mayoría de Estados que conforman la comunidad internacional, existen otras organizaciones u organismos que entre sus principales funciones tienen la de promover el comercio internacional a una escala regional.

En las últimas décadas, se han producido procesos de integración económica, sobre todo, por parte de Estados que comparten regiones geoestratégicas. De esta forma, se han creado bloques que facilitan el comercio internacional que forman parte de esas entidades u organizaciones regionales. Entre ellas, se encuentran áreas de libre comercio que permiten esa libertad comercial entre sus miembros, pero que mantienen su independencia con respecto a políticas aduaneras con países terceros; y uniones aduaneras, en las cuales los Estados miembros mantienen un trato común con respecto a países terceros, a través de barreras como el arancel externo común.

No hay que olvidar, además, la existencia de múltiples tratados que regulan las relaciones entre dos países (tratados bilaterales) o más de dos países (tratados multilaterales).

La adopción del euro por diferentes países es una de las medidas más profundas que se han tomado en un proceso de integración regional.

La integración económica es un acuerdo entre naciones que generalmente incluye la reducción o eliminación de barreras comerciales y la coordinación de políticas monetarias y fiscales.

Su objetivo es reducir los costos tanto para los consumidores como para los productores, e incrementar el comercio entre los países involucrados en el acuerdo.

Estos procesos pueden tener tanto ventajas como desventajas. Entre las ventajas, se pueden señalar:

- En muchos casos, la integración económica generalmente conduce a una reducción en el costo del comercio, una mayor disponibilidad de bienes y servicios y una mayor selección de los mismos, y mejoras en la eficiencia que resultan en un mayor poder adquisitivo.
- Un aumento de la cooperación política entre los países también puede mejorar debido a los lazos económicos más fuertes, lo que proporciona un incentivo para resolver conflictos pacíficamente y conducir a una mayor estabilidad.

En cuanto a los posibles riesgos o desventajas, o costos de la integración económica, se pueden señalar:

- Desviación del comercio, es decir, el comercio puede desviarse de los no miembros a los miembros, incluso si es económicamente perjudicial para el estado miembro.
- Erosión de la soberanía nacional, en tanto que los miembros de las uniones económicas suelen estar obligados a cumplir con reglas sobre comercio, política monetaria y políticas fiscales establecidas por un organismo externo de toma de decisiones no elegido.
- Cambios y reducciones en el empleo, ya que la integración económica puede hacer que las empresas trasladen sus operaciones de producción a áreas dentro de la unión económica que tengan costos laborales más bajos. Por otro lado, los empleados pueden mudarse a áreas con mejores salarios y oportunidades laborales.

 **Saber más**

Los especialistas en esta área definen siete etapas o fórmulas de integración económica: área de libre comercio, unión aduanera, mercado común, unión económica, unión económica y monetaria, y completa integración económica. La etapa final representa una armonización total de la política fiscal y una unión monetaria completa.

A. La Unión Europea

Sin duda, una de las más importantes, dada sus características por las que se le considera una organización internacional sui generis, y que más nos afectan en tanto que España forma parte de ella, es la Unión Europea (UE). Es, además, el ejemplo más claro de unión aduanera.

La formación de la Unión Europea se basa en tres organizaciones previas que fueron el germen de la actual organización. Estas se fundaron con el objetivo de fomentar la paz, la estabilidad y la prosperidad en Europa después de los estragos causados por la

Segunda Guerra Mundial. Estas son: la Comunidad Europea del Carbón y del Acero (CECA), creada en 1951; la Comunidad Económica Europea (CEE), establecida en 1957; y la Comunidad Europea de la Energía Atómica (CEEA), también fundada en 1957. Aunque estas tres comunidades compartían algunas instituciones, cada una tenía estructuras ejecutivas independientes.

A partir de ellas, el 1 de noviembre de 1993 se fundó la Unión Europea, al entrar en vigor del Tratado de la Unión Europea (TUE). Hoy, esta organización internacional está compuesta por veintisiete Estados miembros, tras la reciente

Fig. 14. El Brexit supuso un duro golpe para la UE, al dejar la unión de los Estados más potente económica y políticamente

salida de Reino Unido, "con el objetivo de acoger la integración y gobernanza en común de los Estados y los pueblos de Europa".

Importante

Entre los objetivos de la UE, se encuentran la promoción de los valores democráticos, los derechos humanos y el Estado de derecho en Europa. Además, ha establecido políticas y regulaciones para fomentar la libre circulación de personas, bienes, servicios y capitales dentro de su territorio, creando un mercado único y beneficiando tanto a los ciudadanos como a las empresas.

La UE se caracteriza por su mercado único, el cual es un área de libre comercio de gran importancia. Según se explica en el sitio web del Parlamento Europeo, el objetivo principal de este mercado es permitir a los ciudadanos estudiar, vivir, comprar, trabajar y jubilarse en cualquier país de la UE, además de tener acceso a productos de alta calidad de toda Europa. Para lograr esto, se enfoca en garantizar la libre circulación de mercancías, servicios, capitales y personas.

El mercado único de la UE se dedica a eliminar barreras técnicas, legales y burocráticas que dificultan la actividad comercial y empresarial. De esta manera, los ciudadanos pueden llevar a cabo sus negocios y emprender actividades comerciales sin restricciones innecesarias. Además, está trabajando en la creación de una unión de mercados de capitales con el fin de facilitar el acceso a la financiación, especialmente para las pequeñas empresas, y para hacer de Europa un lugar más atractivo para las inversiones.

En el ámbito digital, también está impulsando el mercado único digital, que busca adaptar las libertades del mercado único a la era digital mediante la adopción de normas europeas para los servicios de telecomunicaciones, los derechos de autor y la protección de datos. El objetivo es garantizar un entorno digital seguro y sin fronteras dentro de la UE.

A pesar de los avances realizados, aún existen obstáculos en el mercado único de la UE. Algunos de ellos incluyen la fragmentación de los sistemas fiscales nacionales, las diferencias en los mercados de servicios financieros, energía y transporte, las disparidades en las legislaciones y normas técnicas, y la complejidad de las normas de reconocimiento de cualificaciones profesionales. Por lo que se está trabajando en la armonización de estas áreas para lograr una mayor integración y eliminar las barreras restantes.

El comercio internacional dentro la UE es de gran importancia y representa una parte significativa del comercio global. En 2020, el valor total de las exportaciones de bienes dentro de la UE alcanzó aproximadamente 2,3 billones de euros, mientras que el valor de las importaciones fue de alrededor de 2,1 billones de euros. Los principales socios comerciales de la UE son otros países miembros de la UE, y aproximadamente el 63% del comercio intra-UE se realizó entre los propios Estados miembros.

Además del comercio intra-UE, el comercio con países no pertenecientes a la UE también es significativo. En 2020, las exportaciones de bienes de la UE a países no comunitarios alcanzaron aproximadamente 2,3 billones de euros, mientras que las importaciones de bienes procedentes de países no comunitarios fueron de alrededor de 2,1 billones de euros.

Los productos más importantes en el comercio internacional dentro de la UE incluyen maquinaria y equipos, productos químicos, vehículos, productos farmacéuticos, productos agrícolas y alimentarios, y productos manufacturados en general.

En términos de balanza comercial, la UE tiende a tener una balanza positiva, lo que significa que exporta más de lo que importa en general. Sin embargo, las cifras pueden variar entre los Estados miembros individuales. Estos datos resaltan la importancia del comercio internacional dentro de la UE y su papel como uno de los actores principales en el comercio global.

B. El Tratado de Libre comercio de América del Norte

El Tratado de Libre Comercio de América del Norte (TLCAN o NAFTA, por sus siglas en inglés) es un acuerdo comercial entre tres los países de América del Norte: Estados Unidos, Canadá y México. Fue firmado el 17 de diciembre de 1992 y comenzó a regir el 1 de enero de 1994. Su principal objetivo es establecer un marco legal que promueva el comercio y la inversión entre los países miembros, con el propósito de eliminar gradualmente las barreras comerciales, tanto arancelarias como no arancelarias.

El TLCAN ha tenido un impacto significativo en la región, creando un mercado común que abarca a casi 500 millones de personas y promoviendo un crecimiento económico notable en los países involucrados. Gracias a este acuerdo, se ha fomentado el incremento de las exportaciones y las inversiones entre los tres países, lo cual ha generado empleo y ha fortalecido la competitividad de la región a nivel internacional.

Además, abarca una amplia gama de sectores, como agricultura, manufactura, servicios, inversiones y propiedad intelectual. Además de la liberalización del comercio, este tratado ha establecido mecanismos para resolver disputas comerciales entre los países miembros y ha fomentado la cooperación en áreas como el medio ambiente y el trabajo.

A pesar de contar con partidarios, el TLCAN ha generado críticas y controversias en Estados Unidos, bajo el argumento de la competencia con bajos costos de producción de México. También han surgido preocupaciones sobre el impacto en el medio ambiente y los derechos laborales en la región.

Recientemente, el TLCAN ha sido objeto de una renegociación y se ha actualizado en un nuevo acuerdo conocido como Tratado entre México, Estados Unidos y Canadá (T-MEC), el cual entró en vigor el 1 de julio de 2020. El T- MEC tiene como objetivo modernizar y mejorar aspectos del acuerdo original, abordando temas como el comercio digital, la propiedad intelectual y los estándares laborales y ambientales.

 **Saber más**

En términos de volumen de comercio, el TLCAN ha impulsado un crecimiento sustancial. Antes de la implementación del tratado, el comercio ascendía a aproximadamente 290 mil millones de dólares estadounidenses. En 2019, superó los 1.2 billones de dólares estadounidenses. Esto representa un incremento significativo en el volumen de comercio, lo cual ha beneficiado a las economías de los tres países.

C. Mercosur

A través de la firma del Tratado de Asunción se crea el Mercado Común del Sur (Mercosur), que es un acuerdo de integración económica y política que reúne a varios países de América del Sur. Los países fundadores del Mercosur en 1991 fueron Argentina, Brasil, Paraguay y Uruguay. Posteriormente, otros países se han unido como miembros asociados o en proceso de adhesión, como Venezuela, Bolivia y Chile.

El principal objetivo es fomentar el comercio libre y la cooperación entre sus países miembros, buscando fortalecer la economía regional y promover la integración en áreas como el intercambio de bienes, servicios, inversiones y movilidad laboral. Mediante la eliminación de barreras arancelarias y la adopción de políticas comunes, se pretende crear un mercado ampliado que facilite el comercio y promueva la competitividad en la región.

Además, ha contribuido al crecimiento económico y al desarrollo de sus países miembros, impulsando el comercio intra-regional y atrayendo inversiones. Ha generado oportunidades para las empresas al ampliar su acceso a un mercado de mayor tamaño y, se han promovido políticas de integración social, cultural y educativa entre los países miembros.

No obstante, también ha enfrentado desafíos y obstáculos en su camino hacia una mayor integración. Han surgido discrepancias y tensiones entre los países miembros en términos de políticas comerciales, agendas de negociación y decisiones conjuntas. Asimismo, se han presentado dificultades en la armonización de regulaciones y normativas internas, lo cual ha obstaculizado el libre comercio.

A lo largo de los años, el Mercosur ha buscado fortalecer su papel en el ámbito internacional, estableciendo acuerdos de cooperación con otros bloques económicos y países fuera de la región. También ha trabajado en la convergencia con estándares internacionales en áreas como el medio ambiente, los derechos humanos y el trabajo.

 **Saber más**

Antes de la pandemia de COVID-19, en 2019, el comercio interno entre los países miembros del Mercosur alcanzó un valor aproximado de 47 mil millones de dólares.

- Brasil se destacó como el principal exportador dentro del bloque, con exportaciones hacia los demás países miembros que ascendieron a alrededor de 23 mil millones de dólares.
- Argentina ocupó el segundo lugar en términos de exportaciones internas, con un valor cercano a los 9 mil millones de dólares.
- Paraguay registró exportaciones internas por un valor de aproximadamente 3 mil millones de dólares.
- Uruguay alcanzó los 7 mil millones de dólares en exportaciones hacia los demás países miembros.

En cuanto a las importaciones, Brasil lideró como el mayor importador interno, con un valor cercano a los 19 mil millones de dólares. Argentina ocupó el segundo lugar en importaciones internas, con un valor de alrededor de 9 mil millones de dólares. Paraguay y Uruguay también realizaron importaciones internas, con valores de aproximadamente 3 mil millones de dólares y 4 mil millones de dólares, respectivamente.

D. Asociación de Naciones del Sudeste Asiático (ASEAN)

La Asociación de Naciones del Sudeste Asiático (ASEAN) es una organización regional que agrupa a diez países ubicados en el sudeste asiático. Fue establecida el 8 de agosto de 1967 con el propósito de fomentar la cooperación y la integración económica, política y social entre sus miembros. Los países miembros de la **ASEAN** son Brunéi, Camboya, Filipinas, Indonesia, Laos, Malasia, Myanmar, Singapur, Tailandia y Vietnam. A lo largo del tiempo, esta ha trabajado en estrecha colaboración para fortalecer la paz, la estabilidad y el desarrollo en la región.

Fig. 15. Los países del sudeste asiático también han avanzado en la integración regional

Uno de los logros más destacados es la creación del Mercado Único de la **ASEAN**, cuyo objetivo es promover la libre circulación de bienes, servicios, capitales y trabajadores entre los países miembros. Además de la integración económica, también ha promovido la cooperación en áreas como la seguridad, el medio ambiente, la cultura y la educación. Se han establecido mecanismos y reuniones periódicas para abordar desafíos comunes y fomentar la paz y la prosperidad en la región.

La **ASEAN** desempeña un papel relevante tanto a nivel regional como internacional. Ha establecido asociaciones y diálogos con otros países y organizaciones para fortalecer la colaboración regional y desempeñar un rol importante en los asuntos mundiales.

 **Saber más**

El comercio entre los países miembros de la ASEAN ha experimentado un crecimiento significativo en los últimos años. En 2019, el valor total del comercio de bienes y servicios entre los países miembros alcanzó aproximadamente los 2,8 billones de dólares. Las exportaciones en la región ascendieron a alrededor de 1,2 billones de dólares, mientras que las importaciones alcanzaron aproximadamente 1,6 billones de dólares. China, la Unión Europea, los Estados Unidos y Japón se destacaron como principales socios comerciales de la ASEAN en ese año, representando una parte significativa del comercio total de la región.

E. Asociación Europea de Libre Comercio

La Asociación Europea de Libre Comercio (EFTA) es una organización intergubernamental que agrupa a cuatro países europeos: Islandia, Liechtenstein, Noruega y Suiza. Fue establecida en 1960 con el propósito de fomentar la colaboración económica y el comercio libre entre sus miembros.

Aunque los países de la EFTA no forman parte de la Unión Europea (UE), mantienen estrechas relaciones y acuerdos con esta. Los países miembros de esta participan en el Espacio Económico Europeo (EEE) junto con los países de la UE, lo que les permite disfrutar de los beneficios del mercado único europeo, como la libre circulación de bienes, servicios, capitales y personas.

Además, ha establecido una amplia red de acuerdos de libre comercio con diversas naciones y regiones fuera de Europa, lo que ha ampliado las oportunidades comerciales para sus integrantes. Estos acuerdos abarcan sectores como agricultura, pesca, industria y servicios, y buscan eliminar tanto las barreras arancelarias como las no arancelarias para facilitar el intercambio comercial.

 Saber más

En términos generales, el comercio internacional de bienes y servicios dentro de la EFTA ha sido significativo. En el año 2019, el valor total de las exportaciones de los países miembros de la EFTA ascendió a aproximadamente 426 mil millones de dólares, mientras que el valor de las importaciones fue de alrededor de 437 mil millones de dólares.

U. A. 1. La economía global

Resumen

En este unidad, se han explorado los aspectos fundamentales de la economía global y su impacto en el mundo actual. Comenzando por un análisis de la globalización y sus causas, características y tendencias. Se ha descubierto cómo este proceso ha generado una mayor interconexión entre los países, facilitando el intercambio de bienes, servicios, capital y conocimientos a escala mundial.

Por otro lado, están las nuevas bases de competitividad en el contexto global. Existen una serie de estrategias que las empresas utilizan para mantenerse competitivas, enfatizando la importancia de la innovación, la tecnología y la gestión del conocimiento. Además, se ha estudiado cómo estas variables influyen en la capacidad de las empresas para adaptarse a los cambios y aprovechar las oportunidades que brinda la economía global.

La Organización Mundial del Comercio (OMC) ha sido otro tema central de esta unidad. Se ha estudiado su función en la regulación del comercio internacional y las reglas y normas establecidas por esta. Asimismo, se han expuesto los beneficios de la liberalización del comercio, así como sobre los desafíos asociados con la protección de los intereses nacionales y la equidad en el comercio global.

También se ha examinado el papel de los organismos y entes internacionales en la economía global. Cabe destacar la importancia de instituciones como el Fondo Monetario Internacional (FMI), el Banco Mundial y la Organización para la Cooperación y el Desarrollo Económicos (OCDE) en la promoción de la cooperación económica y el desarrollo sostenible a nivel mundial. Además del papel de las organizaciones regionales de integración económica en la consolidación de la economía global.

En definitiva, se ha desarrollado una comprensión integral de la economía global y sus implicaciones en el mundo actual, y las herramientas necesarias para entender y analizar los desafíos y oportunidades que plantea la economía global. Hay que comprender la importancia de la globalización, la competitividad, el comercio internacional y la relocalización geográfica, además de los fenómenos económicos en un contexto global.

Glosario

Comercio internacional

Intercambio de bienes, servicios y capitales entre países, facilitado por acuerdos comerciales y la reducción de barreras arancelarias y no arancelarias.

Competitividad

Capacidad de las empresas, sectores o países para mantener y mejorar su posición en el mercado global, a través de la eficiencia, la innovación y la calidad.

Desarrollo sostenible

Enfoque que busca conciliar el crecimiento económico con la preservación del medio ambiente y la equidad social, promoviendo un desarrollo a largo plazo que satisfaga las necesidades presentes sin comprometer las futuras generaciones.

Economía emergente

País en vías de desarrollo que ha experimentado un rápido crecimiento económico y se está integrando en la economía global, como China, India o Brasil.

Integración económica

Proceso mediante el cual varios países acuerdan reducir o eliminar las barreras comerciales entre ellos, promoviendo la libre circulación de bienes, servicios, capitales y personas.

Liberalización del comercio

Proceso de apertura de mercados y reducción de restricciones al comercio, promoviendo la libre competencia y la especialización productiva.

OMC (Organización Mundial del Comercio)

Organización internacional que establece las reglas y normas del comercio internacional, fomentando la liberalización y la eliminación de barreras comerciales.

Organismos internacionales

Instituciones que promueven la cooperación económica y el desarrollo global, como el Fondo Monetario Internacional (FMI) y el Banco Mundial.

Relocalización geográfica

Desplazamiento de actividades económicas de un lugar a otro, generalmente motivado por factores como los costos laborales, la disponibilidad de recursos o la proximidad a los mercados.

Ejercicios de autoevaluación

1. **¿Cuál de las siguientes características económicas está asociada con la globalización?**

   a. Aumento de los flujos financieros internacionales.

   b. Desaparición de las barreras aduaneras.

   c. Desarrollo de grandes empresas multinacionales.

2. **¿Cuál de las siguientes consecuencias ha tenido la globalización en el papel del Estado?**

   a. Aumento del poder de los gobiernos.

   b. Mayor capacidad de los estados para regular la economía.

   c. Reducción del poder de los gobiernos y las decisiones económicas tomadas por instituciones internacionales.

3. **¿Cuál de los siguientes aspectos está asociado con la globalización económica?**

   a. Aumento de la autarquía económica.

   b. Proteccionismo comercial.

   c. Expansión del comercio internacional.

4. **¿Cuál es el objetivo principal de la Organización Mundial del Comercio (OMC)?**

   a. Promover la paz y la seguridad internacional.

   b. Establecer normas y estándares para el comercio internacional.

   c. Brindar asistencia técnica y financiera a los países en desarrollo.

5. ¿Qué es la apertura del comercio según la OMC?

    a. Establecer barreras comerciales para proteger a los consumidores.

    b. Permitir el flujo libre del comercio para estimular el crecimiento económico.

    c. Mantener las políticas comerciales dentro de límites acordados.

6. ¿Qué es la relocalización en el ámbito del comercio internacional?

    a. Un proceso de deslocalización de industrias y actividades de creación de valor.

    b. Un proceso de repatriación de operaciones comerciales previamente trasladadas a otros países.

    c. Un proceso de externalización de la producción en países vecinos.

7. ¿Qué motivó el aumento del *backshoring* y *nearshoring* en los años previos a la crisis del Covid-19?

    a. La dependencia de ciertas economías, como China, y la fragilidad de las cadenas de valor.

    b. La búsqueda de una mayor sostenibilidad de los procesos y una mejor alineación en las estrategias de la cadena de suministro.

    c. La erosión de las ventajas de costos en economías emergentes y la conciencia de la necesidad de tener producción cercana a los mercados y la innovación.

8. ¿Cuál de las siguientes organizaciones es considerada una organización internacional sui generis?

    a. Organización Mundial del Comercio (OMC).

    b. Unión Europea (UE).

    c. Mercado Común del Sur (Mercosur).

9. ¿Cuál de las siguientes organizaciones regionales tiene como objetivo promover el comercio y la cooperación entre países de América del Sur?

- a. Organización Mundial del Comercio (OMC).
- b. Mercado Común del Sur (Mercosur).
- c. Comunidad de Estados Latinoamericanos y Caribeños (CELAC).

10.¿Cuáles son algunos de los factores económicos que influyen en la elección de la ubicación empresarial en el proceso de relocalización?

- a. Tasas impositivas, aranceles y niveles de productividad.
- b. Calidad del producto, sostenibilidad de los procesos y alineación en las estrategias de la cadena de suministro.
- c. Costos de energía, salarios y tipos de cambio.

U. A. 1. La economía global

U. A. 2. Exploración y análisis de mercados globales

Introducción

¿Qué es un mercado global? Este concepto, que se relaciona con el de la globalización, a todos los niveles, político, tecnológico, cultural y, sobre todo, económico, se refiere a un proceso de expansión del mercado, es decir, del comercio de bienes y servicios entre países marcado por la movilidad y el intercambio de capitales, monetario y humano.

Partiendo de esto, podemos señalar que "el mercado global es un sistema en el que se genera un intercambio comercial, de capitales y de mano de obra entre distintos países" (Westreicher, 2021).

Para implantarlo es necesario crear acuerdos que busquen el beneficio de todas las partes implicadas para la producción de bienes y servicios con los que poder comerciar. Cada una de las partes implicadas puede especializarse en una parte del proceso, materias primas, producción, manufactura, incluso en la gestión de equipos o fuerzas de trabajo, lo que permite que todos puedan beneficiarse de sus ventajas competitivas.

Hoy se reconocen mercados globales a través de los múltiples acuerdos de comercio y pactos económicos entre países en todo el globo, favorecidos por el acceso a la información y nuevas tecnologías que hacen más sencilla la internacionalización de empresas e instituciones.

A continuación, se analizarán los elementos básicos de este proceso de internacionalización, para la creación, puesta en marcha y desarrollo de relaciones comerciales a través de la exploración y análisis del mercado.

Objetivos

- Reconocer los principales elementos presentes en los procesos de internacionalización en un mercado global.
- Identificar los principales elementos y sistemas de análisis y fuentes de información presentes en los procesos de internacionalización en un mercado global.
- Comprender los métodos de introducción y gestión que conlleva un proceso de internacionalización en un mercado global.

1. Metodología

Vocabulario

- **Metodología:** conjunto de métodos que se siguen en una investigación.
- **Método:** modo de obrar o proceder, hábito o costumbre, modo de decir o hacer con orden.

El ciclo de vida de un proyecto supone enfrentar diferentes resoluciones y toma de decisiones en cada uno de los pasos (lógicos) de la evolución del mismo. Definir el contenido del proyecto, así como el propio proyecto, definir unos objetivos, proponer unos medios para poder alcanzarlos y un sistema de evaluación que permita comprobar hasta qué punto se han logrado las metas que se propusieron.

Existe un elemento común en este proceso estratégico que es la propia estrategia o método, es decir el modo de obrar, de hacer de forma ordenada y lógica de acuerdo a la definición de nuestro proyecto.

La toma de decisiones en cualquier proceso estratégico se basa en la disponibilidad, valoración y análisis de información, cuestión fundamental en cualquier actividad económica o empresarial y de máxima relevancia en el acceso a mercados internacionales o globales para poder tomar las decisiones más acertadas.

Explorar, investigar, analizar el mercado donde pretendo introducirme estudiando los diferentes factores que influyen en su crecimiento o bajada, movimientos o comportamientos estacionales, identificación de usos y costumbres sociales, políticos, culturales, determinan en suma la introducción exitosa o no de un producto o servicios en cualquier mercado.

Cualquier fuente de información accesible que se pretenda utilizar en el proceso estratégico tiene que resultar objetiva y detallada, de la que se puedan extraer datos relevantes, tanto cualitativos como cuantitativos para disminuir la incertidumbre derivada del proceso de acceso al nuevo mercado.

Actualmente existe acceso a una amplísima red de datos de todo tipo, como demográficos, legislativos, económicos, culturales, de exportación o políticos, que se han de cruzar con los objetivos y planificación estratégica de las empresas que pretenden acceder a nuevos mercados internacionales para determinar qué decisiones, que acciones lograrán los mejores resultados, que productos serán más susceptibles de ser apreciados en el nuevo mercado o qué condiciones culturales, económicas, sociales favorecen dicho desembarco.

El éxito de la estrategia de internacionalización decidida depende, en suma, de los siguientes factores:

- Coordinación de las operaciones de entrada de la empresa, producto o servicio en el país de referencia, bien por la venta u ofrecimiento de una sobreproducción de productos o capacidad de oferta de servicios o bien, por el interés en establecer sucursales o franquicias de venta directa en el país en cuestión.

- Determinación de las oportunidades de negocio en base a las barreras culturales o de idioma.

- Determinación del funcionamiento del mercado doméstico a nivel económico y de competencia: nivel de balanza de pagos, precios, competencia (directa e indirecta).

Todo ello, atendiendo a las características que definen cualquier mercado global:

- Libre intercambio de bienes y servicios (exportaciones e importaciones).
- Libre flujo de capitales (financiación e inversión) en los mercados financieros.
- Libre flujo de capital humano: movilidad de la mano de obra de un país a otro.
- Programas de cooperación internacional entre países: erradicar pobreza, cooperación ante desastres, vigilancia de flujos migratorios, etc.
- Transferencia de ciencia y tecnología entre países.
- Transferencia de rentas, por ejemplo, las remesas de los migrantes a su país de origen.

En las empresas estas tareas de información, análisis y planteamiento estratégico son delegadas en el departamento de marketing internacional y, de no existir, al menos en el departamento de marketing y ventas. Este departamento es el que determina el proceso estratégico de toma de decisiones en base a la investigación de mercado realizada con un enfoque sistemático y objetivo.

 **Importante**

Una investigación de mercado es una planificación organizada, basada en una metodología objetiva e imparcial de estudio e investigación (carácter científico) y basada en datos significativos e información veraz que soporte la toma de decisiones estratégicas.

Respecto a la investigación de mercados para la toma de decisiones estratégicas, siguiendo la propuesta de Cateora (2008, p. 216), divulgador sobre marketing internacional la sistematización estratégica para un proceso de recogida y análisis de datos se basaría en cinco puntos:

- Definición del problema y establecimiento de los objetivos de la investigación.
- Determinación de las fuentes de información de acuerdo a los objetivos planteados.
- Consideración de los costes y beneficios de la investigación.
- Análisis, interpretación y resumen de los resultados.
- Comunicación de los resultados a los responsables de la toma de decisiones.

Esta sistemática se encuentra relacionada íntimamente con cualquier proceso de gestión y toma de decisiones estratégicas en las que deben estar implicados los departamentos de administración, dirección, operaciones y por supuesto, marketing y ventas.

El valor de los informes obtenidos en este proceso de investigación se determina por el logro de los objetivos de internacionalización planteados por la organización y, además, en función de la validez de los mismos datos a la hora de conseguir tomar una decisión.

Un estudio en profundidad sobre aspectos estratégicos, de producto, precios, plaza o distribución y publicidad y promoción lleva a una toma de decisiones veraz, adecuada y realista respondiendo a preguntas como las que se citan a continuación.

- **Aspectos estratégicos**: Son aquellos aspectos relacionados con la misión, visión y valores de la compañía que inicia un proceso de internacionalización, su plan estratégico.

  Se trata de argumentos que forman la base de cualquier decisión corporativa de la compañía y que deben responder a las siguientes cuestiones:

  o ¿Qué objetivos deseas alcanzar con la entrada en un mercado exterior?
  o ¿Qué objetivos (necesidad) te mueven a acceder a un mercado externo?
  o ¿Qué segmentos del mercado externo, o interno, deseas satisfacer?
  o ¿Cuáles son (identificadas) tus estrategias de producto, plaza y distribución, precio, comunicación y promoción en el mercado de destino?
  o ¿Son las mismas que las que posees en tu mercado de referencia?
  o ¿Puedes adaptarte a ellas?
  o Si has identificado un mercado externo de interés, ¿qué criterios te llevarían a seleccionarlo? ¿Qué tipo de evaluación has llevado a cabo para esta selección?
  o ¿Qué productos o servicios vas a ofrecer en dicho mercado? ¿Cómo se van a utilizar? ¿Están de acuerdo a tus criterios de calidad? ¿Y a los criterios de calidad del nuevo mercado?
  o ¿Conoces el comportamiento del mercado en el que te quieres introducir: patrones de compra, consumo, decisión del comprador?

- **Gestión de producto**: Estudio y definición sobre el bien, producto o servicio que voy a ofrecer en el nuevo mercado que deben tener en cuenta la idiosincrasia de ese nuevo ámbito de actuación para el canal de ventas.

Una implantación adecuada debe responder al menos a preguntas como:

o ¿Qué producto PUEDES ofrecer en el mercado al que quieres acceder?
o ¿Qué producto VAS a ofrecer?
o ¿Tu producto es escalable? ¿Se trata de un producto nuevo y específico?
o ¿Cuáles son sus características: diseño, color, tamaño, empaque, marca, garantía?
o ¿Tu producto satisface las necesidades del mercado al que te diriges?
o ¿Qué tipo de necesidades cubre?
o ¿Es necesario adaptar el producto para ese mercado?
o ¿Deberías desarrollar un nuevo producto?
o Teniendo en cuenta el análisis anterior, ¿qué nivel de competitividad tendría tu producto en el nuevo mercado?

• **Estudio de precios**: El producto debe competir en un mercado en el que, además de barreras determinadas por procedimientos legales (normas, aranceles, etc.) y comportamientos culturales, se enfrenta a la competitividad en el mercado al que llega. Para ser competitivo es necesario realizar un estudio de precios para obtener información sobre:

Fig. 1. Definir el precio es una de las tareas más complejas para conquistar un nuevo mercado

o ¿A qué precio DEBES vender tu producto en el nuevo mercado?
o ¿A qué precio PUEDES vender tu producto en el nuevo mercado?
o ¿Es competitivo el precio de mercado que fijes de salida en el mercado de destino?
o Ese precio, ¿refleja la calidad del producto? ¿Sirve de referencia en el mercado?
o ¿Logra situarte en dicho mercado?
o ¿Qué objetivos de penetración en el mercado puedes valorar en función del análisis realizado? ¿Es necesario realizar un estudio estratégico?

o ¿Es necesario, bueno, adecuado, proponer descuentos (comercial, en efectivo, cantidad), o bonificaciones (publicidad o intercambio)? ¿Resultan habituales en este nuevo mercado?

o ¿Qué tipo de estrategia de precio, en función de los segmentos de mercado debes adoptar?

- **Gestión de plaza distribución**: hay que determinar de forma clara y consistente cómo llegará el producto primero al mercado, a los distribuidores y consumidores en función de la estrategia de canales de distribución. Qué medios, métodos, canales serán necesarios, cuáles más eficaces, adecuados o convenientes.

o ¿Qué tipo de cliente es el que marca tu estrategia? ¿Tu cliente final es un distribuidor, es un productor local, lleva una estrategia de venta directa?

o ¿Por medio de qué método lograrás llegar a ese cliente objetivo?

o ¿Qué canal de distribución te lleva a tu cliente objetivo?

o ¿Qué canales se abren para productos extranjeros en el mercado?

o ¿Existen barreras de entrada, aranceles o una estrategia de pacto de distribución o distribución en el mercado?

o ¿Qué tipo de agentes, corredores, mayoristas o distribuidores existen en el mercado? ¿Debes crear alianzas para vender en ese mercado? ¿Puedes, quieres, asumirlo?

o ¿Qué tipo de canales de distribución utilizan tus competidores? ¿Cuál es su efectividad? ¿Puedes abrir un canal propio? ¿Te compensa?

- **Publicidad y promoción**: Además de la gestión del producto, se necesita que sea reconocido, reconocible en el mercado. Si se quiere desembarcar en un nuevo mercado hay que ir sembrando poco a poco, promocionando y publicitando las ventas para que el proceso de venta y distribución, para que los resultados sean adecuados a la proyección estratégica de venta.

o ¿Tu producto o servicio, ya es conocido o reconocible en el nuevo mercado?

o ¿Cómo es de fuerte o potente el mercado dentro de la sociedad del nuevo mercado?

o ¿Es tu mercado muy específico?

- ○ ¿Cuántos y cuáles son tus principales competidores? ¿Tienes competidores? ¿Cuál es su estrategia de comunicación?
- ○ ¿Debes anunciarte? ¿Debes realizar una campaña de comunicación?
- ○ ¿Tu objetivo es una campaña de comunicación, de promoción o de fidelización? ¿Quién es tu cliente final? ¿Deberías participar en ferias de comercio exterior?
- ○ ¿Existen requisitos legales para tu campaña de comunicación o promoción?
- ○ ¿Puedes gestionar tu campaña de comunicación o promoción desde tu domicilio o necesitas una fuerza de marketing y ventas en el nuevo mercado?

Fig. 2. Una investigación de mercado adecuada nos aporta una fotografía fiel de su comportamiento y tomar decisiones estratégicas adecuadas

En conclusión, la necesidad de información se articula en cinco grupos que incluirían datos sobre:

- **Economía:**
  - ○ Clima exportador e importador. Balanza de pagos.
  - ○ Índice de precios.
  - ○ Niveles de crecimiento económico. Inflación.
  - ○ Ciclos económicos y tendencias de mercado. Estudios sectoriales.
  - ○ Indicadores económicos del nuevo mercado. Casos de éxito.

- **Social**:
  - ○ Índices de población. Distribución demográfica y social.
  - ○ Clima social, cultural, político, religioso.

       o Barreras de entrada por adaptación al idioma, cultura, religión.

- **Mercado:**
  - o Índices de acceso al mercado.
  - o Niveles de acceso a canales de distribución: tipos, barreas de entrada, etc. Gestión de canales de venta: tipos de venta.
  - o Costes de comercialización, precios de venta, distancias geográficas, afinidad cultural con el producto, etc.

- **Tecnología:**
  - o Análisis de niveles de acceso a la tecnología: social y empresarial. Identificación de las brechas digitales a solventar.
  - o Identificación de las barreras de acceso a la tecnología.

- **Competencia:**
  - o Análisis de la competencia en el nuevo mercado: competidores locales y extranjeros.
  - o Rentabilidad del sector y de los competidores.
  - o Nivel de penetración en el mercado de los competidores.
  - o Estrategias de mercado.
  - o Posibilidad de crear alianzas.

Este nivel de análisis permite como señalan algunos investigadores (Baena et al. 2018) evaluar y determinar la selección o no de uno u otro mercado internacional al utilizar la gama más amplia de criterios y factores disponibles en el proceso de toma de decisiones determinando la viabilidad del mercado a corto y medio plazo.

Fig. 3. Los datos cuantitativos son aquellos que se expresan en cifras

Toda esta información se condensa por medio de la utilización de indicadores sintéticos para enmarcar comportamientos utilizando metodologías sistemáticas para el análisis de mercados globales de carácter cuantitativo y cualitativo.

Vocabulario

- **Datos cuantitativos:** datos que se pueden transformar en estadísticas utilizables.
- **Datos cualitativos:** datos que aportan comprensión sobre opiniones y motivaciones.

Dado el gran volumen de datos a manejar se proponen dos tipos de sistemáticas para la recopilación, agrupación, gestión, ordenación y evaluación de los mismos, la cualitativa y la cuantitativa.

- **Datos cualitativos**
  - Aportan datos sobre la opinión y motivación de los consumidores o el cliente final.
  - Se recopilan por medio de "*focus group*", entrevistas, observaciones, etc.
  - Su recogida, análisis e información suponen una carga y gasto de tiempo y recursos muy alta.
  - Resultan datos sin estructura rigurosa.
  - Se basan en la observación e interpretación.
  - Sus resultados son subjetivos.
  - Descubren ideas y comportamientos.

Son ejemplos de metodologías cualitativas:
- Métodos de enfoque cualitativo.
- Entrevistas cualitativas.
- Preferencias cualitativas.

Respecto a la identificación de estas metodologías, pretende un análisis flexible ya que se basan en variables complejas de naturaleza especulativa o el dinamismo de un mercado que, resultan difíciles de explicar con el uso de indicadores numéricos.

- **Datos cuantitativos**
  - o Se pueden transformar en estadísticas o utilizarlos para índices y operaciones matemáticas.
  - o Se recopilan por medio de encuestas, entrevistas, etc. utilizando preguntas cerradas y buscando una muestra amplia de participantes.
  - o Suponen un coste menor de tiempo y trabajo.
  - o Permiten probar hipótesis específicas.
  - o Permiten medir y realizar cálculos.
  - o Son rigurosos, estructurados y objetivos.
  - o Con muestras amplias permiten resultados generalizados y válidos.

Son ejemplos de metodologías cuantitativas:

- Dinámicos de regresión de Cox.
- Técnicas econométricas.
- Análisis binarios de regresión logística.
- Sistemas expertos difusos.
- Análisis envolvente de datos.
- Sistema ponderado difuso de calificación de factores.
- Sistemas de inferencia difusa.

Respecto a la identificación de estas metodologías, pretenden un análisis objetivo por medio de la comprobación de hipótesis basadas en un procedimiento lógico, accediendo a fuentes de información por medio de variables matemáticas que determinan enfoques con resultados numéricos.

Siempre se consignarán elementos de apoyos comunes, independientes del uso de una metodología u otra, o incluso del uso de ambos métodos de estudio:

- Todos los datos consignados en el análisis deben basarse el uso de fuentes de alta calidad, consistentes, actualizadas y accesibles, que permitan ser contratadas en cualquier momento.

- Cualquier análisis, independientemente del método aplicado debe resultar inteligible, comprensible y aplicable de forma sencilla para la toma de decisiones estratégicas.

- Es importante implementar horquillas o análisis de sensibilidad para disminuir la incertidumbre en la toma de decisiones estratégicas, ponderaciones en el caso de factores, variables o fenómenos que no puedan explicarse a través de datos cuantitativos.

2. Fuentes de información

Vocabulario

Fuentes de información: son todos aquellos recursos que contienen datos formales, informales, escritos, orales o multimedia y se dividen en tres tipos primarias, secundarias y terciarias.

Toda empresa que desee exportar debe investigar de forma previa el mercado donde quiere formalizar relaciones comerciales. Determinar la elección de un mercado u otro viene motivado por variables externas determinadas o indeterminadas. Como se ha mencionado anteriormente, factores económicos, culturales, sociales, tecnológicos conocidos o no por el exportador potencial, y por otras variables internas basadas en la comprensión y acercamiento de dicho mercado a la cultura corporativa y receptividad personal por parte del exportador como, por ejemplo, cercanía del exportador (empresa o persona) con el país al que quiere llegar, en cuanto a variables culturales, de mercado o facilidad con el idioma, por ejemplo.

Es necesario realizar un análisis objetivo de todas estas variables para estar en condiciones de identificar las oportunidades existentes en el nuevo mercado: qué es lo que desean, que necesitan, que les gusta y si es posible cubrir esas demandas a través del comercio determinado, del producto, de la gestión logística o, si por el contrario existen una serie de barreras de entrada, aranceles, etc., de acceso al mercado.

 **Importante**

Para llegar a una decisión estratégica exitosa, es necesario realizar una investigación de mercado objetiva, basada en fuentes de información fiables.

En una investigación de mercado existen tres ejes en cuanto a la organización y acceso a la información sobre los que debe girar cualquier trabajo de análisis:

- **Localizar-Discriminar-Seleccionar**: Localizar aquella información, entre las fuentes de información disponibles, que resulte útil para atender a la necesidad de información solicitada. Descomponer la información en partes para extraer únicamente lo que se necesita.

- **Leer-entender-comparar y evaluar**: Verificar si la información obtenida y seleccionada resulta coherente, pertinente, suficiente e imparcial. Además, será necesario confirmar si existen puntos de vista contrarios entre uno o más autores o fuentes y si los conceptos requeridos se explican con la claridad y profundidad suficientes.

- **Expresar conclusiones o respuestas**: Formalizar un juicio, valoración o conclusión que responda a la necesidad de información de esa investigación.

Hoy día la información se encuentra a disposición de todo aquel que quiera acceder a ella. La democratización de acceso a la información a través de Internet, en repositorios de información, páginas web (públicas y privadas) institucionales o corporativas o redes sociales favorece que el proceso de acceso a la información sea más sencillo, aunque no facilita en la misma medida el análisis y resumen de la misma para el conocimiento de las oportunidades de inversión en mercados externos.

Para precisar esa información, hay que apoyarse en otras fuentes de información: asesoramiento directo, aprendizaje en el país de destino (fuente de información o aprendizaje experiencial), etc.

Estos criterios, permiten diferenciar la tipología de fuentes de información disponibles como son: fuentes secundarias (investigación documental) y fuentes primarias (investigación de campo).

Anotación

Existe un tercer nivel, las fuentes terciarias, repositorios, bibliografías, guías físicas o virtuales que contienen información sobre las fuentes secundarias y facilitan el control y el acceso a toda la gama disponible de repertorios de información.

Las fuentes secundarias contienen información primaria reorganizada y sintetizada de tal forma que permita confirmar informaciones, ampliar contenidos y planificar los siguientes pasos de la investigación.

Son las primeras, cronológicamente o en el orden lógico, al que se debe acudir para conocer un mercado desconocido, especialmente en el caso de pymes y autónomos, dado que hay una ingente cantidad de información disponible y gratuita algo que abarata los costes, también el tiempo invertido en conseguir dicha información.

Se trata de, por ejemplo, estadísticas o datos obtenidos en estudios diferentes (no específicos) pero que me sirven al propósito de mi investigación para corroborar alguno de los datos que estoy buscando.

Ejemplo

Por ejemplo, para determinar el público objetivo se acudiría a estudios demográficos o sociales que certifiquen ese dato. Estos datos tienen como ventaja su bajo coste y tiempo para acceder a ellos a través de fuentes internas o externas a la organización. Las externas, pueden resultar a su vez públicas, como resultan el Instituto Español de Comercio Exterior (ICEX), las Cámaras de Comercio y las Oficinas Comerciales tanto españolas como extranjeras o privadas.

Se trata de pruebas o fuentes de confirmación a las que puedo acceder, por ejemplo, a través de Internet, pero también por medio de libros, folletos, revistas, etc. En cualquier base documental existente a través de la que se pueda certificar las características principales de un mercado en todo lo que se refiere a:

- Tamaño y tendencias del mercado.
- Estructura y segmentación.
- Productos existentes y precios.
- Canales de distribución.
- Medios disponibles de promoción y sus costos.
- Nombres de empresas que operan en el mercado (posibles colaboradores y competidores).

Una investigación sistemática y objetiva en base a estos datos permite centrar la atención sobre aquellos mercados que aporten un atractivo a los productos y recursos de los que disponga la empresa o empresario y, por tanto, favorezcan la toma de decisiones sobre si exportar o no hacerlo en base a ese primer informe que se tiene que contrastar con las fuentes primaria para abordar la estrategia definitiva de acceso al mercado extranjero.

Por otro lado, las fuentes primarias refieren datos directamente relacionados con el objeto de la investigación y resultan los más idóneos porque se adaptan a los propósitos del estudio.

En la primera parte del estudio se ha corroborado los intereses y objetivos que ha señalado de su interés el exportador, a través de las fuentes primarias, se certifica que esos datos de la investigación son correctos, y se puede adaptar a los propósitos del estudio ya que resultan más flexibles.

Se consideran la segunda parte del estudio, por esa comprobación de datos, aunque se puede acudir a estas fuentes directamente. Se trata de información directa de los nacionales del país, de sus organizaciones, de los actores que actúan en ese mercado, de exportadores veteranos, ya sean nacionales o extranjeros, también con consumidores o empresas intermediarias en el mercado de interés para exportar. También obteniendo datos de competidores, de expertos o profesionales a través de la participación en ferias, misiones comerciales o empresarial sectoriales

Todo ello permite realizar una visión global mucho más concreta de cómo funciona el mercado y sus problemas y soluciones. Esta experiencia y el acceso a información, hasta cierto punto, privilegiada, permite que las empresas que pretendan exportar tengan mucho más claro la decisión estratégica de introducirse en un mercado nuevo

El proceso de acceso a fuentes secundarias y primarias en el proceso toma de decisiones estratégicas se puede resumir de la siguiente forma:

-   Idea exportadora.
-   Estudio mercado.
-   Acceso a fuentes secundarias.
-   Acceso a fuentes primarias.
-   Decisión exportadora.

Por último, respecto a las etapas de la investigación de mercados internacionales para la toma de decisiones estratégicas, estas son las que se mencionan a continuación.

1. **Evaluación interna**: El primer paso resulta un proceso de evaluación y reconocimiento interno de la empresa para comprobar si reúne las condiciones internas de base para poder asumir su expansión a otros mercados.

   Además de determinar la capacidad, es momento de responder a las preguntas: ¿qué?, ¿cómo?, ¿cuándo? Es decir, que se plantea hacer en el nuevo mercado, que productos se llevarán, si existen o hay que crearlos (desarrollo de mercado o diversificación), determinando que países serán más viables y adecuados de acuerdo a las características estratégicas de la empresa y producto.

2. **Objetivo de la investigación**: Tras realizar ese análisis interno han quedado claros los aspectos o problemas detectados, es momento de señalar los objetivos de la investigación para resolver dichos problemas, las personas implicadas en dicha gestión, determinar qué es lo que es pertinente estudiar, en que país, etc.

   Los objetivos definidos deben resultar claros y alcanzables para que sean investigados de forma coherente y concreta, características necesarias para determinar las decisiones estratégicas adecuadas.

3. **Determinar fuentes de información y técnicas de investigación**: La información deber resultar clara, precisa, completa y para ello las fuentes de información elegidas deben resultar confiables y verificadas, ya sean públicas o privadas y, por supuesto, lo más actualizadas posible. Por ejemplo, páginas web oficiales de empresas, instituciones y universidades, bancos internacionales, cámaras de comercio y revistas especializadas.

   Por otro lado, las técnicas de investigación se eligen a partir de los objetivos que se hayan fijado, ya sea a través de métodos cuantitativos o cualitativos, por medio de una investigación bibliográfica, encuestas a consumidores extranjeros, entrevistas a especialistas, estudios experimentales de productos, entre otras.

4. **Recopilación de información**: Esta fase supone realmente la investigación de mercado pues se basa en la actividad de consulta y búsqueda de información para alcanzar decisiones estratégicas. Es importante que esta recopilación se registre de forma adecuada en un documento especificando la fuente donde fue obtenida, algo importante para comprobar posteriormente dichos datos.

   En cuanto a la metodología, se pueden trascribir entrevistas, procesar datos obtenidos en encuestas, estudios experimentales y demás técnicas de investigación utilizadas.

5. **Análisis e interpretación**: Cuando se ha discriminado la información pertinente, es momento de analizar cómo responde a los objetivos planteados, ya sea de manera positiva o negativa en relación a la idea de negocio.

   La interpretación más clara suele provenir de la aplicación sobre datos cuantitativos (precios, estadísticas, datos demográficos, costos de distribución) y cualitativos (aspectos culturales del país en cuestión que influyen en la percepción del producto). Este análisis también debe ser registrado en un documento y puede apoyarse sobre gráficos e imágenes.

6. **Conclusiones**: La última fase se constituye como el resumen y reflejo de los resultados obtenidos tras la investigación, debe responder al objetivo principal del estudio y proponer soluciones para la toma de decisiones estratégicas para el acceso a nuevos mercados.

3. Métodos de exploración

El siguiente nivel de análisis que se añade dentro de la exploración de mercados internacionales tiene relación directa con el acceso a fuentes primarias de información, como se ha mencionado anteriormente: acceso a información directa que tiene relación con una actitud experiencial.

Para que el futuro exportador logre definir de forma más correcta sus objetivos estratégicos y planes para el mercado en cuestión, es necesario que pondere cuestiones como los recursos a aplicar (financieros, humanos, logísticos) de los que disponga o en los que tenga que invertir y, en un grado de análisis superior:

- Determinar el propio grado de internacionalización que posee la empresa, por ejemplo, si las exportaciones directas están funcionando o debe apoyarse en proveedores locales, abrir una filial, etc.
- Determinar el conocimiento exacto que se posee del mercado interior del país donde se desea exportar u operar.

Hay factores que ningún exportador puede controlar: el riesgo del mercado (político, financiero), la posición del gobierno sobre empresas extranjeras (políticas rígidas de acceso, obligatoriedad de acceso a través de agentes locales) o el grado de competencia interna del mercado.

De esta forma se podrían marcar tres niveles o fuentes de exploración de un mercado exterior: indirectas, directas y concertadas.

A. Indirectas

El conocimiento del mercado exterior se pone en manos de terceros por desconocimiento de dicho mercado o para evitarse gastos de estructura, lo más habitual es realizarlo a través de:

- **Brokers**. El vendedor se introduce en el nuevo mercado a través de un intermediario local que cuenta con un pequeño stock y representa comercialmente al fabricante.
- **Trading**. A través de compañías de comercialización, intermediarios comerciales que se sitúan entre el proveedor y los canales de comercialización

internacional. Se trata de distribuidores o suministradores de diferentes bienes con quienes pactan una comisión sobre las ventas que cierren con compradores extranjeros que han identificado previamente.

Este tipo de exploración del mercado le permite al vendedor no asumir riesgos o, al menos unos más asumibles y determinados ya que el intermediario se encarga de toda la labor comercial (distribución física, promoción, selección de los canales de distribución, investigación de mercados, etc.).

Fig. 4. Alcanzar acuerdos con otros agentes es una de las formas más útiles de introducirse en nuevos mercados internacionales

B. Directas

En este caso el acceso al mercado es directo y con pleno control de la situación a través de un vendedor propio (que ya conoce la empresa) o un departamento de comercio exterior de tal forma que este coste figure como inversión dentro de los costes fijos de estructura de la compañía. En cuanto a los productos, el distribuidor en este tipo de experiencias directas puede relacionarse con el nuevo mercado por medio de:

- **Distribución directa**: El distribuidor compra en el mercado interno para luego venderla en otros mercados.

- **Inversión directa**: El acceso al nuevo mercado es directo por medio de la inversión en empresas o instalaciones e infraestructuras locales o en adquisición de las mismas. Cabrían en este caso fórmulas de subsidiarias comerciales.

- **Licencias**: Contratos entre empresas de distintos países, por el cual, una de ellas (licenciante) concede a la otra (licenciatario) el derecho a utilizar marcas, patentes, propiedad intelectual u otros intangibles a cambio del pago de un precio, denominado "*royalty*".

- **Franquicias**: Es un derecho de explotación de unos derechos de propiedad intelectual e industrial (marcas, patentes, *knowhow*, procesos, etc.) para ofrecer un producto o servicio a los consumidores finales. En este caso existe una cesión de derechos a cambio del pago de una contraprestación.

Este tipo de inversiones resultarían más atractivas para el inversor pues existe un mayor control de la misma al tiempo que un mayor control del retorno de la inversión, pero al tiempo que se asume más beneficio se asumen mayores riesgos. En relación con las propuestas de conocimiento directo siempre resultarán más fáciles de aplicar las licencias y franquicias, donde se asume un mayor grado de control, aunque nunca están exentas de costos.

También aportan ventajas y mayor seguridad jurídica en relación con los aranceles de entrada y acceso de inversiones extranjeras en nuevos países, este tipo de inversiones resulta la vía más rápida y que mayor control de las operaciones permite. La desventaja es que probablemente sea la manera más cara para entrar en nuevos mercados.

C. Concertadas

Este tipo de canales de acceso a mercados externos se basa en la creación de sinergias empresariales, en el fomento de proyectos conjuntos de exportación o en negocios asociados con otras empresas con las que se comparten intereses comerciales.

Objetivo

El objetivo es crear acuerdos comerciales estratégicos en los que dos o más partes acuerdan unir sus recursos con el fin de realizar una tarea específica, un nuevo desarrollo o una nueva actividad comercial en los que, cada una de las partes que participa es responsable las ganancias, pérdidas y costos asociados.

Favorece la entrada en nuevos mercados gracias a la experiencia y medios acumulados por las partes que firman el acuerdo, lo que supone una ventaja competitiva, por el contrario, pueden darse problemas de incompatibilidad de las partes o circunstancias cambiantes que podrían afectar a la viabilidad de la empresa conjunta. Estas fórmulas se suelen encontrar en:

- *Piggyback*: También conocidas como "exportaciones canguro" en las que una empresa utiliza sus canales de distribución en el extranjero en conjunto con los de otra empresa con las que ha firmado un acuerdo. Se ayudan en los canales de distribución parecidos y no compiten por el mismo cliente objetivo.

- **Consorcios de exportación**: Alianzas estratégicas para abordar la entrada en un mercado extranjero en conjunto. Pueden ser consorcios de origen o de destino, según radiquen en el mismo país que las empresas miembros o en un mercado extranjero. Ofertan servicios de forma conjunta aportando capacidad financiera y operativa, aunque todos sus miembros conservan su independencia jurídica y financiera.

- *Joint venture*: En este caso, la consecución del objetivo común y la colaboración se persigue creando entre los participantes una nueva empresa, una entidad jurídica propia, independiente de los participantes, cuyo capital pertenece a estos diversificar riesgos y reducirlos pese a entrar en nuevos mercados.

4. Sistemas de análisis

El siguiente paso en el proceso de análisis, exploración y conocimiento de mercados internacionales, es la evaluación, que se basa en cinco etapas con el propósito de evaluar qué mercado internacional o mercados ofrecen las mejores oportunidades para que los productos o servicios tengan éxito.

Estos cinco pasos, son los que se detallan a continuación.

1. **Identificando países potenciales**: acudiendo a fuentes de información secundarias, hay que tener en cuenta aquellos factores económicos, estadísticos estructurales que determinarán la confianza en la actividad de dicho mercado.

   Se trata de datos y factores macroeconómicos (inflación, el crecimiento y la tasa de desempleo, el producto interno bruto, el ingreso nacional, las barreras culturales, el idioma, los factores comerciales y los costos de entrada al mercado) y microeconómicos (fijación de precios, que está determinada por la oferta y la demanda, etc.).

   El potencial de exportación, la conveniencia o no de acceder a un mercado u otro se puede basar en:

   - Herencias culturales similares (países de la Commonwealth, antiguas colonias españolas, herencia cultural en Latinoamérica, etc.).
   - Culturas, ideología, política o religión similar (Unión Europea, Países NATO, división por continentes, etc.).
   - Países o mercados con lazos de cercanía geográfica o fronteras abiertas (Unión Europea, eje mar Índico, etc.).

   Una vez se ha determinado, en base a esos criterios de oportunidad (herencia, idioma, nivel social, nivel económico, etc.) como punto de partida, se habrán determinado una serie de países en los que, potencialmente, cabría la entrada. A continuación, se pasa al siguiente nivel.

2. **Evaluación preliminar**: En esta segunda etapa, un análisis en más profundidad sobre los países o mercados potenciales que ya se han escogido en el primer paso. Es el momento de acudir a fuentes de información para recoger datos que permitan calificar ponderar y clasificar a las naciones que ya se han elegido según factores macroeconómicos como la estabilidad de la moneda, los tipos de cambio, el nivel de consumo interno, etc.

   Es el primer momento en el que se comienzan a calcular la naturaleza de los costos de entrada al mercado, por ejemplo:

   o Países que obligan a que cualquier empresa que ingrese en el mercado, sea de propiedad nacional.
   o Compensación por el acceso a mercado o naciones con inestabilidad política.

   Esta concreción sobre el funcionamiento del mercado, sobre cómo se comporta, sobre los aranceles, prohibiciones, etc., ayuda a concretar, clasificar y eliminar del listado si fuera necesario a países de esa primera lista.

3. **Detección en profundidad**: Tercera etapa y el nivel de análisis de los países o mercados que alcanzan aquí se considerarían factibles o posibles para ingresar al mercado. Por lo tanto, es vital que se obtenga información detallada sobre el mercado objetivo para que la toma de decisiones estratégica (de la dirección, del departamento de marketing, del departamento de internacionalización, etc.) pueda ser precisa.

Los datos se bajan al terreno y los factores microeconómicos tienen en cuenta su aplicación directa observando o consiguiendo información sobre condiciones locales como la investigación de mercado sobre precios, distribución, función del mercado, herramientas de comunicación, adaptaciones necesarias, etc. Es una etapa para determinar:

- Segmentación.
- Orientación.
- Posicionamiento.

Tanto del mercado, como del sector donde se desarrolla la actividad, el servicio o producto a la venta, pero también de los valores del mercado en el país, las tarifas o cuotas en funcionamiento, y oportunidades similares o amenazas para los nuevos participantes.

4. **Selección final**: La consecuente reducción de la lista ya permite a los gerentes y departamentos estratégicos reflexionar sobre la idoneidad o no de los mercados propuestos. Es el momento de reflexionar y buscar:

   o Competidores cercanos o compañías nacionales similares para ver su comportamiento, nivel de acceso al mercado, capacidad económica, experiencia, etc.
   o Comparación con experiencias de internacionalización anteriores de la misma compañía en mercados similares o equiparables, observando los aprendizajes aplicables en todo caso.

Esto permite aplicar una evaluación, incluso numérica, para una calificación final, clasificación y ponderación en función de criterios más específicos. El siguiente paso y último, quizá, antes de tomar una decisión, debería ser organizar una visita a los países o mercados que se encuentren en la lista.

Fig. 6. Los departamentos de análisis de las empresas, liderados por el departamento de marketing les permiten tomar decisiones estratégicas

5. **Experiencia directa**: La experiencia, de primera mano, sobre la cultura, el idioma, los accesos, permiten conocer de primera mano cómo funcionan las prácticas comerciales de la nación o mercado escogido y realizar una última evaluación, determinando:

- El funcionamiento real del mercado (similar o igual o lo calificado).
- Comparativa con el mercado interno donde la empresa desarrolla su actividad.
- La flexibilidad del funcionamiento del mercado objetivo.

5. DAFO global

- **DAFO**: herramienta de estudio visual que permite identificar fortalezas y debilidades específicas en situaciones laborales y de la vida personal.
- **PESTEL**: método descriptivo usado para conocer el contexto de una empresa en aspectos de su entorno Político, Económico, Sociocultural, Tecnológico, Ecológica y Legal.

Existe una herramienta que permite gestionar este nivel de análisis sucesivo señalado en esta unidad, un método de análisis utilizado en multitud de entornos, hablamos del modelo de análisis DAFO, un acrónimo que se utiliza para designar una matriz que indica las Debilidades, Amenazas, Fortalezas y Oportunidades de aquello que queramos analizar. El primer y tercer factor son de origen interno y el segundo y cuarto de origen externo.

Este modelo de análisis resulta muy conocido y utilizado para organizar los hechos que afectan al elemento que se analiza, su origen y el tipo de repercusión que tiene sobre el mismo. Puede resultar un modelo sencillo, y que en lo relativo a la internacionalización resulta útil tanto para estudiar los beneficios y desventajas del propio proyecto de internacionalización como a la hora de escoger qué país es el más adecuado para la expansión, en este sentido se recomienda utilizar este análisis en dos fases diferenciadas del proceso de expansión o llegada a nuevos mercados:

1. Inicial, más abierta para categorizar los hechos de mayor peso (a modo de lluvia de ideas).
2. Contextual, más concisa relativa al mercado estudiado y uniéndolo directamente al modelo de negocio a exportar.

El Ministerio de Industria, Comercio y Turismo, ha creado un portal en el que dispone de una herramienta DAFO para la gestión de este análisis de forma gratuita que, además, nos permite generar estrategias. Para acceder al mismo es necesario darse de alta como usuario, pero es un proceso sencillo.

Esta herramienta ofrece varias guías sobre DAFO y análisis PESTEL. El uso de esta es muy sencillo e intuitivo y permite ir rellenando los campos que aparecen indicando la importancia de cada factor que nosotros determinemos, por ejemplo, en el caso de los factores externos como son las Amenazas y Oportunidades. Además, tiene incorporada la posibilidad de realizar un análisis PESTEL que identificaría hasta que nivel podrían llegar a afectar al desarrollo de la actividad de exportación.

¿Qué se debe analizar en un proceso DAFO de internacionalización? A continuación, se identifican algunas cuestiones relativas a las Debilidades, Amenazas, Fortalezas y Oportunidades.

- **Debilidades**:

    o Regulaciones estatales: existencia de aranceles. Mercado inaccesible, desconocido.
    o Desconocimiento de la competencia o del propio sector en el nuevo mercado. No hay contactos, hay dificultad de conseguir contactos sectoriales.
    o Comercialización difícil (difícil distribución, comunicación, etc.). Dificultad para crear equipos comerciales o de distribución.
    o Desconocimiento de la cultura de consumo del nuevo mercado.
    o Dificultades económicas; mercado con costes de producción, inflación alta, con presencia de Salario Mínimo.
    o Bajo nivel de inversión, de aplicación tecnológica, de desarrollo de investigación.

- **Amenazas**:

    o Aumento de impuestos, aranceles, competencia o precios de las materias primas. Bajada de los precios de la competencia, tendencia bajista en el producto.
    o Situación política, social, económica, ecológica o sanitaria inestable. Cambios en las pautas del consumo.
    o Lento crecimiento de la demanda.
    o Envejecimiento de la población, clientes exigentes.
    o Alto coste de formación y aplicación en nuevas tecnologías. Nuevos procesos de producción o distribución.

- **Fortalezas**:

  - Sinergias, coincidencias, idiomáticas, culturales, económicas con socios comerciales. Acceso a tecnología, inversiones, economía saneada.
  - Capacidad comercial, servicio postventa.
  - Buena estrategia de comunicación y marketing. Buena imagen. Costes de producción o balanza de gastos-ingresos positiva. Gastos fijos bajos.
  - Plantilla adecuada, cualificada, motivada.

- **Oportunidades**:

  - Tratados de libre comercio.
  - Posibilidad de ferias y eventos comerciales y de *networking*.
  - Red de transportes adecuada.
  - Posible alianza con empresa del sector. La competencia tiene problemas.
  - Reducción de costes tecnológicos. Disminución en el proceso de distribución. Disminución de impuestos.

Una vez realizado el análisis DAFO, esto permite poder definir nuestra estrategia de acción, combinando los factores que se han deducido del análisis se pueden generar acciones que hagan salir de situaciones determinadas y poder avanzar, se crean estrategias que permiten aprovechar las ventajas y oportunidades y para hacer frente a las debilidades y amenazas.

No es necesario que estas estrategias resulten particularmente complejas, es tratar de buscar un plan de acción equilibrado basado en:

- **Estrategia de supervivencia**: Observando las regulaciones, aranceles, competidores, se definirá cual será el objetivo para poder mantenerse. Un análisis de la competencia, de la demanda o de la situación de los posibles socios, así como si su forma de distribución y producción debe determinar el comportamiento en el mercado e incluso la oferta.

- **Estrategia adaptativa al mercado de destino**: Conocer el mercado, el objetivo y a los competidores, es una estrategia básica para reconocer como adaptarse mejor la cultura empresarial y de consumo del país, aumentando contactos comerciales y teniendo reuniones.

- **Estrategia defensiva en el mercado de destino**: Por ejemplo, dando a conocer el producto o servicio de varias formas: publicidad o con "venta directa" a posibles clientes. Presentación del producto de varias formas a empresas que se crea que son potenciales exportadores o ya estén exportando.

- **Estrategia ofensiva en el mercado de destino**: Estar presentes, llamando la atención, asistiendo a eventos, haciendo *networking* aprovechando sinergias para ganar contactos e incluso clientes.

Ejemplo de análisis DAFO

	Interno	Externo
Negativo	**Debilidades** - Equipo desmotivado. - Falta de clientes - Poca flexibilidad. ...	**Amenazas** - Crisis económica Inestabilidad política. - Competencia potente. ...
Positivo	**Fortalezas** - Experiencia. - Instalaciones innovado-ras. ...	**Oportunidades** - Promociones. - Colaboración con otras empresas. ...

Ejemplo de análisis PESTEL

Político	Económico	Social
- Gobierno. - Clima política. - Conflictos. - Ayudas. ...	- Tendencias. - Crisis. - Ciclos. - Políticas de innovación. - Tipos de cambios. - Tipos de interés. ...	- Demografía. - Estilo de vida. - Aspectos éticos. - Nivel educativo. - Patrones culturales. ...
Tecnológico	**Ecológico**	**Legal**
- TIC. - Patentes. - Acceso a tecnología. - Infraestructuras. ...	- Problemas ambientales. - Consumo. - Procesos de producción. - Políticas de medioambiente. ...	- Legislación. - Poder judicial - Tratados internacionales. - Regulaciones. ...

Resumen

En esta unidad, se han analizado los elementos clave para la realización de análisis de mercados globales, entendiendo la globalización como sinónimo de internacionalización que siempre debe tener en cuenta como elementos característicos la relación entre países para favorecer el intercambio de bienes y servicios con libertad de circulación de los mismos entre dichos países y también de capitales y medios humanos.

Para lograr la implantación adecuada de un proceso de internacionalización, se han de llevar a cabo un estudio, un análisis pormenorizado del mercado conde se quiere llegar a ofrecer y vender los propios productos y servicios. Este análisis se ha de realizar utilizando fuentes de información accesibles, fidedignas, veraces, actualizadas en base a fuentes de información secundarias (documentales), primarias (experienciales) y/o terciarias (repositorios y bibliografías de información) por medio de un proceso de investigación sistemático y que permita ordenar los datos recogidos en base a parámetros o un carácter cuantitativo o cualitativo. Los primeros permitirán ordenar y establecer marcos estadísticos para el desarrollo de esta investigación, mientras los cualitativos permitirán clarificarlos en cuanto a su aplicación práctica.

Otras fuentes de acceso a información serían las fuentes de exploración, en este caso a través de registros de actividad directos, inversiones, distribuciones (directas, indirectas, compartidas) para lograr adecuar la experiencia y determinación definitiva del mercado al que se desea acceder.

La última propuesta para determinar la validez del análisis realizado resulta aplicar el uso de herramientas de análisis como, por ejemplo, una matriz DAFO que, además, permite el desarrollo de estrategias de acceso al mercado señalado.

Glosario

Bróker

Agente intermediario en operaciones financieras o comerciales que percibe una comisión por su intervención.

DAFO

Análisis descriptivo de una realidad cuyos elementos de análisis tienen que ver con aquellos aspectos que suponen una Debilidad, Amenaza, Fortalezas u Oportunidades para el desarrollo de la actividad, producto, servicio, persona, etc.

Focus group

Método de investigación cualitativa que reúne participantes de una entrevista en la que se exponen opiniones sobre productos y servicios.

PESTEL

Método descriptivo usado para conocer el contexto de una empresa al profundizar en aspectos de índole Política, Económica, Sociocultural, Tecnológica, Ecológica o Legal que rodean a la empresa.

Plaza

Del inglés *placement*, este término en marketing se entiende cómo la forma en la cual un bien o servicio llegará de una empresa a manos del consumidor final. También es conocida como distribución.

Ejercicios de autoevaluación

1. ¿Qué es un mercado global?

   a. Un mercado de globos.

   b. Un mercado internacional.

   c. Un mercado en expansión.

2. La toma de decisiones en un proceso estratégico se basa en:

   a. Disponer, valorar y analizar información.

   b. Hacer una encuesta.

   c. Sentarme a pensar sobre lo que quiero hacer.

3. Las características que definen un mercado global serían:

   a. Libre intercambio de bienes y servicios y de capitales.

   b. Libre intercambio de bienes y servicios, aunque existan aranceles.

   c. Libre intercambio de bienes, servicios, capitales, trabajadores y transferencia de ciencia y tecnología.

4. Los bloques sobre los que se ha de articular la búsqueda de información para un estudio de mercado adecuado son:

   a. Económico, social, político, balanza de pagos.

   b. Económico, nivel demográfico, nivel de desempleo.

   c. Economía, social, mercado, tecnología, competencia.

5. Datos cuantitativos son aquellos:

   a. Que se pueden contar.

   b. Que se pueden evaluar.

   c. Que se pueden transformar en estadísticas utilizables.

6. La información para un análisis de mercado se encuentra disponible:

a. Solo a través de medios oficiales y no para todo el mundo.

b. Solo a través de medios no oficiales y para todo el mundo.

c. A través de todo tipo de medios y soportes y para todo el mundo.

7. Para realizar un análisis de mercado global:

a. Se puede usar cualquier tipo de información, aún sin contrastar ni evaluar.

b. Se puedes usar cualquier tipo de información que se debe discriminar y seleccionar en función del objetivo.

c. Se puede usar cualquier tipo de información que se debe reunir para tener muchos elementos de análisis.

8. Las principales fuentes de exploración de mercados internacionales se basan en:

a. Fuentes documentales.

b. Repositorios de información.

c. Fuentes directas o experienciales.

9. Los sistemas de análisis de mercados internacionales tienen como objetivo en un primer estadio:

a. Seleccionar un producto para poder introducirlo en un nuevo mercado.

b. Seleccionar un distribuidor para acceder a un nuevo mercado.

c. Seleccionar criterios o factores que puedan tener un reflejo positivo para lograr introducir en nuevo mercado.

10.Después del estudio analítico de la aplicación de una matriz DAFO viene la generación de estrategias como, por ejemplo:

a. Estrategia de supervivencia, de gestión de residuos y de sostenibilidad.

b. Estrategia de supervivencia, de adaptación, defensiva y ofensiva en el mercado de destino.

c. Estrategia de supervivencia, adaptativa, de venta y de comunicación en el mercado de destino.

U. A. 3. Estrategias empresariales

Introducción

El sistema económico hace necesaria la constante revisión de los parámetros de gestión, organización, protocolización y parametrización de las estructuras de trabajo de las empresas. Todas estas acceden en igualdad de condiciones a un mercado que se encuentra en un proceso de constante globalización y su única ventaja competitiva es lograr desarrollar más y mejores sistemas de análisis y organización interna que devienen en una ventaja sobre sus competidores.

En la unidad anterior se ha certificado la importancia de la exploración y análisis de los mercados exteriores, su reconocimiento y evaluación a través de diferentes metodologías y herramientas, en esta se va explicar cómo realizar la adaptación de las estructuras a dicho análisis externo.

Además, hay que tener en cuenta, diferentes propuestas metodológicas a través de la gestión de escenarios, planificación estratégica y de planes de trabajo, observación de indicadores de desarrollo en los Cuadros de Mando Integrales o la aprobación de políticas de apoyo para la definición de estrategias de internacionalización de la empresa.

Objetivos

- Reconocer las principales metodologías de estudio, organización y administración estructural para empresas en sus procesos de internacionalización en un mercado global.
- Identificar los elementos y sistemas de análisis de estas propuestas metodológicas y sus procesos de funcionamiento para su aplicación práctica en empresas inmersas en sus procesos de internacionalización.
- Identificar la estructura de funcionamiento y administración global de una empresa en su proceso de internacionalización.
- Identificar todos los procesos y procedimientos de gestión interna de una empresa en su proceso de internacionalización.

1. Los escenarios globales

Se analiza para conseguir entender aquello que nos rodea y nos movemos, adaptando la respuesta al estímulo recibido. En el ámbito empresarial se valora la situación tomando en cuenta los condicionantes que existen y se toman las decisiones estratégicas más acordes a los objetivos de la organización.

Esta propuesta de acción, sin embargo, supone una estrategia reactiva, no proactiva que incide en conseguir los propósitos. Para cambiar esa tendencia existen herramientas de análisis y toma de decisiones como el método de diseño de escenarios.

Queda claro, por tanto, que en cualquier proceso de planificación estratégica y de gestión se necesita realizar pronósticos, adelantarse a los posibles resultados para tomar decisiones ex ante. Para ello, se pueden usar técnicas de predicción basadas en análisis prospectivos que tratan de reducir el nivel de incertidumbre que afecta a la toma de decisiones a medio y largo plazo.

La técnica de diseño de escenarios recrea escenarios futuros, entornos con condiciones determinadas y variaciones estudiadas que adelantan, "crean" el posible comportamiento futuro del mercado o entorno (económicos, sociales, legales, estructurales, logísticos, de producción, etc.) en los que se desarrolla la actividad de empresa y, a partir de ese análisis favorecer la toma de decisiones. De forma resumida, analiza y compara diferentes factores estratégicos, situándolos en un tiempo futuro determinado y estudia, determina, su posible impacto sobre la empresa.

Respecto a las características y metodología, un escenario describe circunstancias que pueden representar las condiciones de un entorno en un momento futuro en el tiempo. Pese a ello, este no es una predicción, una anticipación, sino una observación cualitativa de cómo puede llegar a ser ese futuro.

Para que la construcción de un escenario sea útil en el análisis del entorno futuro, es preciso que reúna una serie de características:

- **Exhaustivo**: Debe identificar y recoger las principales variables que definan, con claridad el entorno que se está analizando.
- **Probabilidad**: El escenario que se defina de resultar igual de posible o probable que cualquier otro basado en las mismas características definidas.
- **Identificación**: Es importante asignar probabilidades a priori para las variables clave elegidas, probabilidades que sean fácilmente identificables.
- **Consistencia**: Que el modelo o escenario definido no concurra en contradicciones por tanto la definición del entorno debe resultar consistente.

Un escenario creado en torno a estas premisas permitirá que el órgano de decisión de la empresa realice un mejor análisis, por tanto, definir de forma válida y sostenible las estrategias empresariales que determinen su acción pudiendo señalar, incluso, diferentes estrategias en función de los diferentes escenarios que puedan presentarse. De esta manera, se está preparado para responder de manera rápida y flexible a los cambios que se puedan producir alrededor, y se realizan decisiones estratégicas con el objetivo de alcanzar mejoras concretas en el futuro.

A diferencia de otras metodologías de estudio estratégico, este método de escenarios se basa en datos prácticos, y requiere la participación constante de los involucrados para registrar las variaciones e incertidumbres del ámbito externo. También se someten a revisión las estrategias que se determinen del proceso de revisión.

Fig. 1. Cualquier trabajo requiere de una metodología para llegar a buen puerto

Para su puesta en marcha se utilizan como base otros dos métodos o técnicas de prospectiva:

- **Método Delphi**. Al inicio del proceso previo a la creación de escenarios para tratar de identificar las variables clave objeto de estudio y la asignación de valores y de probabilidades de ocurrencia a cada una de ellas.
- **Método de los Impactos Cruzados**. En la fase de diseño o identificación de los escenarios, para analizar las relaciones que se producen entre las diferentes variables.

 **Saber más**

Para saber más sobre los métodos de estudio predictivo, puedes consultar el siguiente artículo que se adjunta "Introducción a la prospectiva: metodología, fases y explotación de resultados" de Jesús Rodríguez Cortezo publicado en línea por el Ministerio de Industria, Comercio y Turismo.

En definitiva, las características del contenido de escenarios se pueden resumir de la siguiente forma:

Los escenarios SON	Los escenarios NO son
<ul><li>Hipótesis</li><li>Desarrollos de posibles futuros alternativos.</li><li>Combinación de intuición y análisis racional.</li><li>Descripción focalizada en múltiples entornos de negocios futuros.</li><li>Proceso de pensamiento holístico que integra varias escuelas científicas.</li><li>Instrumentos para transformar una organización reactiva en más proactiva.</li></ul>	<ul><li>Predicciones.</li><li>Extrapolaciones de tendencias pasadas.</li><li>Predicciones oficiales por expertos internos y externos.</li><li>Instrumentos para reforzar las asunciones corporativas.</li><li>Materialización de visiones intuitivas.</li><li>Resultado de una escuela científica dominante.</li><li>Instrumentos para reforzar comportamientos reactivos.</li></ul>

Con esta definición de sus características básicas se determina su utilidad y aplicación práctica, en casos de que:

- Exista una incertidumbre elevada sobre la gestión a futuro.
- La compañía no perciba o genere nuevas oportunidades en el mercado.
- La capacidad de organización o pensamiento estratégico sea baja o limitada.
- El sector de la organización haya experimentado cambios significativos.
- Haya diferencia de criterios a nivel interno.

En todos estos casos, llevar a cabo estos análisis de creación de escenarios permite crear consenso en relación con un conjunto de decisiones estratégicas esenciales para la empresa en su proceso de gestión interna.

 **Importante**

Este resulta especialmente relevante en el caso de los escenarios globales, donde se requiere diseñar una estrategia de internacionalización.

Por otro lado, respecto al proceso de creación de escenarios, la ejecución de este método de estudio prospectivo conlleva un proceso en el que se identifican hasta cinco etapas para elaborar una propuesta que debe ser útil para detectar y redefinir estrategias y riesgos en base a las predicciones mostradas del análisis de los escenarios definidos y, servir, además, como un proceso auto formativo sobre el proceso estratégico de la empresa al cuestionar los procesos, procedimientos, tendencias y estrategias seguida actualmente.

Fig. 2. El análisis pormenorizado de todas las tendencias permite crear escenarios para la toma de decisiones estratégicas

Este proceso se debe guiar en dos direcciones sobre los órganos y departamentos de la organización, tanto "de abajo a arriba" como "de arriba a abajo".

Las cinco etapas que se señalan dentro del procedimiento habitual de creación de escenarios serían las que se enumeran a continuación.

A. Caracterización funcional de la empresa

Es un proceso de interpelación y observación de la entidad el cual puede dividirse en varios procesos:

- **Determinación del problema**: Una o varias personas a nivel interno se responsabilizan tras estudiar el problema y deciden poner en marcha un proceso de elaboración de escenarios.

- **Elección del grupo de elaboración**: Elección de un grupo de personas a nivel interno que puedan dedicarse en función de su perfil (conocimiento de la estructura, capacidad de decisión, posibilidad de salir de sus tareas inmediatas) a realizar este trabajo.

B. Análisis de las tendencias de cambio

Una vez se ha creado el grupo de estudio comienzan a realizarse los primeros acercamientos al análisis que debería determinar el escenario sobre el que se trabajará.

Las primeras preguntas deben ser:

- ¿Quiénes son los interesados principales?
- ¿Qué factores y motores originan, generan o impiden los cambios?
- ¿Qué evoluciones se harán probablemente realidad?
- ¿Qué resultados son improbables?
- ¿Qué resultados son inciertos?

Estas preguntas pretenden profundizar y avanzar en el análisis de las incertidumbres existentes que conforman la base para elaborar escenarios preliminares, como conjuntos de imágenes o modelos. A partir de ellos se generan la serie de posibilidades plausibles que se buscan.

C. Creación y desarrollo de escenarios

Los miembros del grupo de estudio observan los escenarios propuestos y se perfeccionan detalles. Tras esto, responsables e interesados participantes pueden ya utilizar los escenarios para examinar, debatir y contribuir al desarrollo de estrategias que pueden resultar eficaces cuando el futuro presenta un fuerte nivel de incertidumbre.

No es adecuado trabajar con más de tres escenarios por la complejidad que implica este proceso, tampoco es conveniente considerar la existencia de diferentes probabilidades de sucesos para cada uno de los escenarios identificados, ya que existirán varios tipos de escenarios:

- Escenario más probable (el de mayor probabilidad).
- Escenario optimista (el que más favorece a la empresa).
- Escenario pesimista (el más desfavorable para la empresa).

D. Determinación de las implicaciones

Es momento de interactuar con los escenarios identificando aquellas variables clave que determinan el contenido del escenario y jugando con ellas en diferentes niveles de mayor o menor disponibilidad, incertidumbre, acceso, disponibilidad, etc. Además, se debe incluir el horizonte temporal objeto de estudio, el medio, largo plazo o la fecha determinada específica si es que la conociéramos.

El número de variables seleccionado será clave en el grado de complejidad del escenario o escenarios creados, pero redunda en el grado de exactitud y cumplimiento de los resultados (previsiones) obtenidos, por ello se deberán asignar valores y nivel de probabilidad de cumplimiento a cada variable seleccionada: intervalo de valores posibles y probabilidad de ocurrencia.

Fig. 3. La utilización de métodos de creación de escenarios supone un análisis estratégico de la empresa

A continuación, se expone un cuadro de determinación de variables en función de su grado de conocimiento en la creación de escenarios.

Situación de partida para prever el futuro	Tipo de acontecimiento y grado de conocimiento	Conclusión
Certeza	• Acontecimientos conocidos. • Fiabilidad absoluta de ocurrencia.	Previsiones
Riesgo	• Acontecimientos conocidos. • Probabilidad de ocurrencia conocida.	Pronósticos
Incertidumbre	• Acontecimientos conocidos. • Probabilidad de ocurrencia desconocida.	Acontecimientos
Ignorancia	• Acontecimientos desconocidos.	Anticipaciones

E. formulación de la estrategia empresarial

La conclusión de este ejercicio llevará, previsiblemente, a tomar decisiones estratégicas que definan el futuro de la empresa y cuya validez vendrá determinada por la consistencia del escenario creado, así como por los siguientes aspectos:

- **Relevancia**: Para conseguir un impacto, una ayuda, la resolución de los problemas señalados en el primer nivel de concreción de la necesidad de crear escenarios.

- **Consistencia**: Para resultar efectivos y promover decisiones y cambios estratégicos que solucionen los problemas detectados.
- **Diferenciación**: Del futuro determinado en función de las variables que se han señalado, no se trata de variaciones sobre un mismo escenario, se trata d escenarios diferentes.
- **Equilibrio**: Que debe asumir el escenario propuesto. Esta debe resultar una característica determinante del mismo, su equilibrio, su seguridad durante el periodo de tiempo determinado en el estudio.

2. Fijación de estrategias

Todos los procesos de análisis, revisión o auditoría, internos y externos sirven para determinar nuestro objetivo, en este caso: la internacionalización de la empresa, producto o servicio.

ICEX España Exportación e Inversiones E.P.E., es una entidad pública empresarial cuya misión es promover la internacionalización de las empresas españolas. Este cuenta con un Programa de Asesoramiento Personalizado para la Internacionalización Empresarial, una asesoría personalizada a través de ICEX APIEm.

Fig. 4. Las estrategias deben ser coherentes para lograr los objetivos marcados

Acudir al mercado exterior sin ningún tipo de estrategia para lo único que sirve es para generar frustración y fracaso. Cualquier proceso estratégico no es sencillo de generar, fácil de aplicar o incluso adecuado, sobre todo si es un proceso que se llevará fuera de nuestras fronteras, apostando por países, mercados, consumidores diferentes y con requisitos, competidores, infraestructuras a los hay que adaptarse.

En positivo, el acceso a mercados exteriores permite, en base a decisiones estratégicas adecuadas aumentar el nivel de competitividad de las empresas, expandir su crecimiento, tener costos más bajos, y consolidar sus productos y marcas.

En negativo, no resulta un proceso sencillo por las diferencias tanto legales, como económicas y culturales de cada mercado y, sobre todo por las diferencias entre consumidores, además, siempre habrá que tener en cuenta un hecho diferencial para coordinar este proceso de forma adecuada: lograr una integración global de la empresa (presencia en otros países) frente a la adaptación al mercado local.

En la actualidad, la evolución de los procesos de internacionalización presenta un entorno muy favorable para las empresas. Hoy en día, alcanzar la internacionalización es asequible para muchos tipos de negocios a todos los niveles especialmente con la posibilidad del *ecommerce* y la promoción en redes sociales.

La accesibilidad es mucho más sencilla, asequible, sostenible, barata, etc., sin necesidad de disponer de bases de producción o distribución de alta capacidad, de hecho, en estos momentos es fácil observar diferentes procesos con diferentes niveles de deslocalización para realizar la internacionalización de una empresa, todo forma parte de un proceso.

Sobre el proceso para la internacionalización, el objetivo básico que define este proceso sería vender productos o servicios en mercados extranjeros. Sin embargo, tras esta definición tan clara y sencilla subyace un entramado de actividad mucho más complejo que se podría organizar en diferentes fases.

1. **Organización de la gestión de la internacionalización:** La idea origen debe ser clara, una instrucción que conlleva una decisión estratégica de base: crear un departamento específico de internacionalización.

Cuanto menos, se debe considerar aplicar a este desempeño a un equipo o grupo de empleados específico y, en la medida de lo posible experto, dentro de la compañía.

2. **Análisis y definición de objetivos**: El siguiente paso lógico sería el análisis, el primero interno y el más consecuente a través de una matriz DAFO (debilidades, amenazas, fortalezas, oportunidades) para señalar el punto de partida del lugar donde se desea llegar (definir objetivos) y el método para alcanzarlo (estrategias) siempre bajo criterios de viabilidad y sostenibilidad.

3. **Selección de un mercado objetivo**: Los análisis previos ya permiten baremar o señalar un mercado objetivo sobre el que habría que identificar los diferentes riesgos que presenta:

   o **País**: Riesgo de un país en los negocios internacionales.
   o **Económico**: Situación de la balanza de pagos y su impacto social.
   o **De tipo de cambio**: Pérdidas por operar con una moneda distinta.
   o **Normativo**: Barreras legales y aplicación a empresas extranjeras.

   Lo que organizaría a los países según la siguiente clasificación:

   o **Estratégicos**: Objetivo prioritario para invertir más recursos.
   o **Complementarios**: Objetivo secundario, se destinan remanentes para entrar gradualmente en dicho mercado.

4. **Diseño de una estrategia comercial:** Esta resulta otra de las decisiones estratégicas. Es probable que sea necesario adaptar la fabricación, producto, o marca, en definitiva, la estrategia comercial del nuevo mercado al que se accede con el objetivo de responder a los modelos de los consumidores.

   Resulta común modificar aspectos productivos, aunque también lo es traducir eslóganes o inventarse nuevos adaptados al nuevo consumidor.

5. **. Inicio de la actividad**: Se inicia, de forma gradual, la actividad en el nuevo mercado en tres etapas: llegada, desarrollo y consolidación que, a su vez inciden en propuestas diferenciadas de desarrollo del mercado.

- **Llegada**: Supone el principio de la actividad, se trata de minimizar riesgos durante el acceso, la adaptación domina todos los esfuerzos y se elabora mediante procedimientos de exportación ocasional, es decir, la empresa exporta producción sobrante del mercado interior o lo hace de forma esporádica utilizando intermediarios locales.

- **Desarrollo**: Con un mayor nivel de conocimiento del mercado, comienzan a aplicarse estrategias de marketing, venta y operación. Se proponen dos métodos de acceso:

  o **Exportación experimental**: si la exportación ocasional ha tenido éxito, se buscan nuevos mercados, se promociona la búsqueda de agentes importadores, no se controla tanto el precio de venta como el de producción y distribución.
  o **Exportación regular**: disponiendo de un grupo estable de clientes o un volumen de mercado consolidado es momento de ampliar el campo de operaciones a través de agentes diversos o distribuidores exclusivos y existe una estructura completa en el nuevo mercado producción, administración, marketing y venta final.

- **Consolidación**: El objetivo es alcanzar un mayor rendimiento económico y la continuidad de la empresa. Para lo que se establecen:

  o **Filiales de venta**: se invierte en estructura, en recursos humanos y materiales y asume las funciones comerciales.
  o **Filiales de producción**: como paso final, la empresa se convierte en multinacional creando filiales de producción, que se suman a las de venta aprovechando los posibles incentivos por invertir en el país, evitar aranceles y restricciones, etc.

Al hablar de estrategias de internacionalización, es importante conocer que no es indispensable estar fuera de las propias fronteras para poder operar en un mercado regional o global. La estrategia de internacionalización debe seguir alguno de estos cuatro parámetros.

Fig. 5. Llegar a acuerdos con intermediarios es una forma para entrar en nuevos mercados

- **Vender a clientes locales para que ellos exporten los productos**. Los clientes externos no forman parte de la estructura, aunque se puede llegar a suscribir contratos comerciales para regular las condiciones del intercambio.

- **Exportar los productos mediante intermediarios**. Agentes que actúan en su propio nombre y comercializan los productos que se les vende o de hacerlo por medio de otras marcas.

- **Vender a representantes locales de clientes extranjeros**. Agentes autorizados para que marcas extranjeras realicen contactos en el mercado local. Dichos agentes garantizan el acceso de los productos al mercado.

- **Exportar directamente y en nombre propio**. Se trata del proceso más conocido en el cual las marcas asumen en nombre propio su presencia en el mercado internacional y realizan fuertes inversiones a tal efecto.

 Importante

No existe una única estrategia de internacionalización, de hecho, existen diferentes formas, complementarias para tener presencia en un mercado más allá de nuestras fronteras.

Elegir un tipo u otro de estrategia de internacionalización depende de los estudios, análisis y pruebas se hayan hecho en las fases previas por medio de las cuales se puede llegar a determinar la conveniencia o no de una u otra vía de internacionalización o de la adopción de forma complementaria de más de una de ellas en diferentes fases de ejecución.

Los tres tipos principales de estrategias de internacionalización serían: multinacional, transnacional y global.

- **Estrategia multinacional:** Es aquella que se aplican las empresas multinacionales, un tipo de empresa que ha sido creada y registrada legalmente en un país, pero además tiene otras filiales en otros países del mundo.

  Des eta forma, estas empresas tienen activos e instalaciones de producción ubicados en diferentes países, pero todas sus estrategias, planes de acción, estrategias dependen de la casa matriz ubicada en el país de origen.

  Esta forma de internacionalización favorece el crecimiento y establecimiento de la empresa multinacional ya que, al generar una producción de manera local se favorece de los rendimientos del mercado de cada país, de los beneficios de inversión y políticos que establezcan en ese estado y porque disponiendo de todos los servicios en dicho mercado se logra generar una mayor producción de bienes y servicios.

- **Estrategia transnacional**: La forma de organización es similar a la de la estrategia multinacional salvo por un matiz, ya que existe una "casa" en un país de origen y unas "casas destino" o subsidiarias en otros países del mundo, sin embargo, el flujo de producción, capacidades y habilidades fluye en ambos sentidos de la matriz a la subsidiaria y viceversa.

  Esto genera a estas empresas una ventaja competitiva pues se logra deslocalizar las actividades de la empresa, como investigación, marketing, producción, comercialización, inversión de acuerdo con la localización que resulte más sostenible y productiva para el proyecto y genere mayor valor con sus entregas al mercado en cuestión. Debe combinar una economía de escala, con la flexibilidad necesaria de cada departamento o rama del negocio en función del mercado donde se desarrolle.

Este tipo de estrategia ocupa un lugar intermedio entre la integración (estrategia global) y la adaptación al mercado global.

Fig. 6. Las estrategias de internacionalización dependen de los estudios, análisis y pruebas que se hayan realizado anteriormente

- **Estrategia global**: Esta estrategia tiene en cuenta el producto sacrificando la adaptación al mercado en favor de la organización global de la empresa. De esta forma el proceso de producción, venta, comercialización, de marketing así como las decisiones de marca (de la organización) se encuentran estandarizadas y se ofrecen en todos los mercados y países de la misma forma.

Este tipo de estrategia de internacionalización se encuentran en empresas o sectores donde la empresa busca vender más del mismo producto por lo que sale venderlo en el mayor número de mercados extranjeros posible compitiendo en el precio y siempre buscando una ventaja competitiva y actuando bajo una parámetros y protocolos muy estrictos marcados por la dirección ya que se exige un alto nivel de coordinación y centralización de las decisiones tomadas.

Estas tres estrategias toman forma a través de ejemplos como:

- o **Exportación**: Es la más usual. Suele formar una parte importante del comienzo de internacionalización de una empresa.
- o **Licencias**: Permiten a una empresa local que utilice sus procesos de producción, marcas registradas, etc., para evitar los riesgos de capital.
- o **Consorcios**: Favorece la asociación temporal en dos supuestos, cuando las leyes de un territorio requieren la participación de empresas locales, y con la intención de fortalecer los gastos en el comercio internacional.
- o **Concentración de mercados**: Los empeños de marketing se centran en mercados más pequeños, que luego se desarrollarán gradualmente.
- o **Diversificación de mercado**: Con ella se busca una entrada rápida en diversos mercados, aspecto que conlleva un alto riesgo, pero también una alta tasa de rentabilidad en caso de éxito.

Por último, respecto a los beneficios de la internacionalización, de todo lo expuesto anteriormente, se puede deducir que existen unos altos beneficios de una adecuada aplicación de estrategias de internacionalización como, por ejemplo:

- • **Ampliación de tamaño**: Permite que las empresas crezcan y sean más competitivas.
- • **Mayor negocio**: Mejorando la competitividad, también se aumenta la productividad y crece el volumen de negocio.
- • **Mayor resistencia**: La diversificación del mercado permite a la empresa mayor resistencia frente a las recesiones económicas y los vaivenes del mercado.
- • **Oportunidades de mercado**: Crea oportunidades al encontrar mercados emergentes, nuevos nichos en países de todo tipo que permitan una elevada productividad y beneficio.
- • **Ajuste de costes**: Aplicando economías de escala y localizando cadenas de valor en lugares más competitivos para ajustar costes y capacidades en el sentido de materias primas, capital humano, tecnología, etc.

- **Gestión de marca**: La internacionalización afianza la marca, que gana en fuerza, crecimiento y valentía. Sin duda, una buena estrategia de marketing y comunicación será clave en este momento.

3. Planes de trabajo globales

Una planificación ordenada, meditada y planificada se constituye en la base mínima para cualquier plan estratégico y de organización que se puede encontrar bajo diferentes denominaciones: "Plan de organización", "Plan organizativo", "Plan de trabajo", etc.

Fig. 7. La organización y planificación ordenada del trabajo se constituye en la base de cualquier proceso estratégico

Se resume en un documento la estructura interna y el organigrama, detallando departamentos, funciones y personas de la misma y registra los planes de optimización de dicha estructura en base a criterios basados en:

- **Procesos y procedimientos**. Forma de actuar de la organización en base a qué protocolos se definen las actuaciones, cómo se llevan cabo o ejecutan las acciones determinadas en cada uno de los departamentos, etc.
- **Empleados**. Plantillas, organización de la misma, diseño de departamentos y su organización, responsabilidad, cadena de mando o jerarquía, canales de comunicación internos, etc.

Este análisis permite alcanzar una visión estratégica sobre los recursos disponibles, los procesos de innovación (tecnología, inversión, diseño, fabricación, desarrollo de talento...) que ayudarán a determinar la competitividad en el mercado (y, sobre todo, frente a la competencia) pero, además, esta planificación permite una mayor efectividad, sostenibilidad y prevención frente a situaciones imprevistas, dotando de mayor estabilidad a la organización.

En definitiva, es el método a través del cual una empresa estructura sus operaciones diarias tras la realización de análisis pormenorizado de la estructura dirigido a la consecución de sus metas de forma rápida, controlada y eficiente a corto, medio y largo plazo.

El desarrollo del plan de trabajo proporciona a las empresas desarrollar estructura de forma eficaz para obtener resultados y alcanzar metas concretas y determinadas. Este análisis interno ayuda a definir la organización identificando a los encargados o responsables, estructura jerárquica y roles, lo que favorece que cualquier proceso sea más fácilmente rastreable o asequible de monitorear.

Por tanto, un plan de trabajo es un esquema en el que se pueden visualizar todas las acciones que una empresa debe llevar a cabo para realizar un proyecto o trabajo específico y que, de manera genérica debe responder a tres preguntas fundamentales:

* ¿Cuándo debe iniciar cada una de las partes del trabajo o proyecto?
* ¿Cuándo debe concluir cada una de las tareas del proyecto?
* ¿Cómo nos damos cuenta de que el proyecto está progresando adecuadamente?

Esta planificación, supone un sistema de análisis sencillo, claro y visual para la determinación del proceso de internacionalización de una empresa.

El análisis estratégico se mantendría, como se ha observado por lo establecido en los epígrafes anteriores, pero se le añade una configuración donde poder encajar las piezas conseguidas tomando en cuenta no solo los objetivos sino, además, el cómo se debe estructurar la adquisición de estos, tomando como referencia criterios como:

* **Estrategia**: Definición del indicador de éxito que define cómo (el modo) se van a conseguir los objetivos tomando en cuenta el tiempo y los recursos que se tienen a disposición para completar cada tarea del proyecto.
* **Recursos**: Indicación de los recursos humanos, tecnológicos y materiales (capital incluido) disponibles para completar las tareas del proyecto, pero también los necesarios y de los que no disponemos.

- **Responsabilidad**: Definición de la persona o equipo responsable de completar cada fase del trabajo. Estas designaciones deben resultar claras y transparentes para evitar tensiones.
- **Tiempo**: En un plan de trabajo el tiempo es todo. Dado que este tipo de planificaciones establecen fechas de entrega o cierre de fases, la gestión del tiempo y distribución de las tareas es crucial
- **Canales**: Definir el tipo de canales que se van a utilizar para llevar a cabo cada tarea. Dado que se establecen plazos y criterios de eficiencia, es necesario tener definidos de forma clara estos canales.

La importancia de estos métodos de organización y gestión se observa de forma clara en los beneficios de las empresas y organizaciones que los implementan de forma interna para tratar de optimizar su forma de organización, ejecución y evaluación del trabajo que realizan.

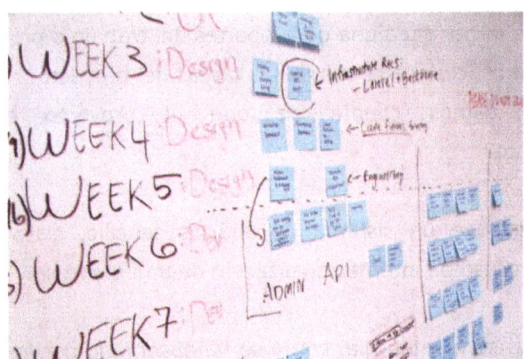

Fig. 8. Una planificación eficiente y organizada permite una mejora en la organización

Para alcanzar un grado máximo de excelencia, se debe tomar como referencia los siguientes aspectos:

- Optar por la simplicidad en el momento de planificar mediante este método de organización.
- Personalizar el plan en la medida de la estructura de trabajo, de tal forma que responda de manera patente las necesidades de la organización.

- Planificar a tiempo, lo antes posible y no a remolque de las circunstancias (por obligación frente a un problema o necesidad) para que el análisis sea lo más preciso y objetivo posible
- Atención a los recursos, es importante cerciorarse de que el plan está plenamente ajustado a tus presupuestos y recursos disponibles.
- Implementar el plan, no es solo aplicarlo sino, además, aplicarse en su revisión con constancia para controlar que se cumple con los protocolos que se han determinado.

Una vez conocemos qué es un plan de trabajo, pasemos a diferenciar los principales tipos de planificación organizacional.

1. **Planificación organizacional estratégica**: Este tipo plantea la creación de una estructura que atiende a todas las áreas de la organización. Los objetivos se plantean a corto, medio y largo plazo, garantizándose que estén alineados con los objetivos estratégicos (misión, visión o valores de esta).

   Esta planificación suele ser llevada a cabo desde la dirección de la empresa, involucra a todos los departamentos y sus decisiones se toman en base a objetivos macro.

2. **Planificación organizacional táctica**: En este caso, la planificación se focaliza en la ejecución del plan estratégico por lo que podría llegar a considerarse equiparable al primer tipo. A diferencia del primero, este plan táctico es más específico pues está formado por diversos objetivos a corto plazo que apoyan el plan estratégico.

   La duración de ejecución oscila alrededor de un año o menos y se lidera por gerentes intermedios con una visión de aplicación y seguimiento a corto plazo.

3. **Planificación organizacional operacional**: Este enfoque de planificación resulta altamente práctico, pues se basa en una visión integral y seguimiento de los detalles diarios de la actividad. Esto implica regular el trabajo, los

horarios y garantizar el cumplimiento de las políticas y estándares empresariales.

Además, se comprueba que las asignaciones, tareas y actividades se lleven a cabo de manera eficaz, y que aquellos responsables actúen de acuerdo con las directrices establecidas por la compañía.

4. **Planificación organizacional de contingencia**: Existe un último tipo de plan diseñado para un análisis de una situación de emergencia, crisis o un imprevisto. Es un plan que no se tiene porqué utilizar, pero disponer de su esbozo o análisis permite un abordaje del lugar de urgencia estructurado y funcional y en base a una visión integral de la empresa y la capacidad de anticipar susceptibles escenarios donde se pueden encontrar dificultades.

Fig. 9. Organizar el trabajo con un plan realista es fundamental para cualquier proyecto

Por otro lado, esta planificación organizacional está compuesta de varias etapas que tratan de conformar un ciclo adecuado de gestión.

1. **Desarrollo del plan estratégico:** En esta fase se lleva a cabo un balance de situación para saber dónde, cómo, en qué momento se encuentra la organización, qué necesita y cuáles son sus fortalezas y oportunidades a corto, medio y largo plazo.

Tiene a su vez diferentes niveles de gestión y organización, como:

○ Revisión y análisis estratégico sobre la misión, visión y valores, para definir si todavía se encuentran vigentes con respecto a la situación actual.
○ Compilación de datos internos (indicadores de rendimiento-cumplimiento) de las diversas áreas, para corroborar que los objetivos y metas se cumplen.
○ Análisis interno y externo (por ejemplo, a través de una matriz DAFO) para que ratifique en qué punto se encuentra y sus perspectivas.
○ Establecimiento de objetivos generales en base a los datos obtenidos en los pasos previos.

2. **Establecimiento de tácticas para la realización de estrategias generales**: Tras realizar esta radiografía y este análisis de la compañía, se pasa a especificar las tácticas para lograr avances y quienes las llevarán a cabo por medio de dos acciones:

○ Definir los objetivos a corto plazo para cada área de funcionamiento. De los objetivos concretos a los objetivos generales.
○ Establecer un plan de revisión de acciones que den información sobre el progreso de las tácticas entabladas y asegurar el cumplimiento de las mismas.

 **Importante**

Es necesario poner atención a los detalles más pequeños de la organización, determinando aquellos posibles fallos o errores que pudieran darse y aportar planes de contingencia para los mismos.

3. **Planificación de operaciones diarias**: Desarrollo de un plan de operativo en el que se indiquen los responsables de ejecución, sus roles, jerarquía y acciones que llevarán a cabo. Se trata de una etapa técnica debido al

establecimiento de planes de actuación específicos en base a objetivos tácticos y generales.

4. **Ejecución de los planes de organización empresarial**: Ya se ha establecido el plan de ejecución, es momento de llevarlo a cabo siguiendo los parámetros y procedimientos señalados y en función de las responsabilidades señaladas para cada departamento, área o persona.

5. **Seguimiento de los planes emprendidos**: Cualquier planificación debe ser revisada regularmente para concluir si se cumple con la programación estratégica detectando, en la medida de lo posible, los errores o aspectos que puedan mejorarse y redirigiendo las gestiones para solucionarlos u optimizarlos. Por ello, es crucial abordar cualquier contratiempo de manera inmediata que eludan retrasos en el logro de los objetivos generales.

4. Políticas de apoyo

Cada día percibimos que nos encontramos en un entorno global, donde el acceso a países, mercados, sociedades, extranjeros resulta muy accesible, pero siempre se ha de mantener un control de acceso y criterios de organización generalizados.

Fig. 10. La política resulta determinante en la gestión de la internacionalización de las empresas

Esto es posible por medio de la política de internacionalización que forma parte de la política económica de cualquier estado y actúa sobre la actividad económica internacional de las empresas.

Esta política de internacionalización es una respuesta frente a los susceptibles fallos que puedan suceder en el mercado y que limitan la entrada a mercados extranjeros, busca regular las barreras internas y externas de acceso a nuevos mercados.

Estas políticas se centran en los siguientes aspectos, los cuales se agrupan en tres bloques, empresas que reciben o recibirán ayudas, valoración de los mercados (países) y valoración del tipo de operación:

- Promoción comercial.
- Apoyo a la financiación de transacciones internacionales.
- Diplomacia comercial.
- Provisión de servicios a las empresas.
- Participación en el marco institucional internacional.
- Concesión de subvenciones y desgravaciones fiscales en las operaciones internacionales.

Como cualquier política que tenga como objetivo promocionar económicamente a empresas o mercados, buscarán favorecer el incremento económico, del empleo y la prosperidad mediante el aumento de las exportaciones, la captación de inversiones extranjeras y la facilidad de acceso a los mercados exteriores como tres líneas básicas de actuación.

Este tipo de políticas tienen su origen en una autoridad económica que, observando que los resultados no resultan los más adecuados a sus políticas de crecimiento y expansión (promoción económica y del tejido empresarial), decide influir sobre esos mercados promocionando o favoreciendo los niveles de exportación e inversión internacional, influyendo en la composición del sector importador o exportador, etc., debido a generar:

- Influencia económica de las empresas exportadoras por su mayor producción, lo que les otorga un mayor peso económico por operar en varios mercados a la vez. Detentan una mayor capacidad financiera de la que se beneficia todo el mercado.

- Viabilidad de las empresas exportadoras, son más resistentes a los ciclos económicos al compensar las caídas de ventas en un mercado con su posición en el otro (interno o externo).

- Mayores inversiones de las empresas internacionales dado que deben hacer un mayor esfuerzo de adaptación al estar sujetas a una mayor competencia y tratan de aumentar su efectividad.

- Sinergias y mayor interés en generar nuevas oportunidades exportadoras o importadoras en cada sector económico al observar los buenos resultados de competidores que si exportan.

Pero existen obstáculos internos y externos que frenan la internacionalización, por ejemplo:

- Falta de información o información deficiente, ya sea por un acceso limitado o por una información incompleta o no veraz que conlleva efectos complementarios: infravalorar las ventajas de la internacionalización o sobrevalorar los impedimentos que representa con la consecuencia de terminar descartando la internacionalización. También está la falta de información acerca de los mercados internacionales, sus competidores y los recursos públicos de apoyo de los cuales podrían beneficiarse.

- Falta de preparación del personal de la compañía para acometer el proceso de internacionalización, sin conocimiento de idiomas, culturales, legales, que procuran un choque frustrante en estos procesos.

- Dificultad para encontrar clientes, como una barrera externa clave en el acceso a un nuevo mercado.

- Proteccionismo comercial de los gobiernos.

- Síntomas de corrupción.

 **Importante**

Los gobiernos nacionales intervienen a través de diferentes políticas de apoyo con el objetivo de ayudar a sus empresas a superar esas barreras, siempre que el coste de inversión en este tipo de políticas resulte eficiente en términos de coste/beneficio.

Las principales líneas de actuación de las políticas de internacionalización son las que se mencionan a continuación.

- **Promoción comercial**: Estas son actividades de respaldo a la exportación llevadas a cabo por agencias de promoción, como el ICEX en España, que organizan o subvencionan encuentros o proyectos como la participación en ferias, misiones directas a otros países, misiones inversas (donde se invita a empresarios extranjeros a visitar el país), seminarios y foros de inversión. Estas iniciativas están diseñadas para fomentar las exportaciones en los mercados internacionales.

- **Apoyo público**: Financiación institucional de operaciones internacionales favoreciendo tanto el acceso, disponibilidad, volumen y condiciones, bajo condiciones lo más favorables posibles con un retorno mínimo de la inversión o incluso a fondo perdido.

- **Diplomacia comercial**: Entendida desde la capacidad de influencia institucional del propio estado (provenida de su pode político, económico, militar, etc.) en defensa de los intereses económicos de sus mercados, interno y, especialmente, externo. Esta diplomacia sirve para negociar condiciones favorables de acceso a otros mercados "recompensando" el establecimiento de relaciones internacionales económicas y comerciales y otras prebendas y apoyos políticos.

Esto resulta de suma importancia en países con un fuerte peso de empresas públicas, o en aquellas donde existe un control gubernamental sobre la actividad económica.

- **Consultoría y asesoramiento institucional exterior:** Es la administración la que proporciona a las empresas servicios de consultoría y asesoramiento para ayudar en su proceso de internacionalización mediante agencias de promoción de exportaciones y representaciones diplomáticas en el extranjero. Estos servicios son ofrecidos de forma gratuita o subvencionada.

- **Formación y planificación estratégica de internacionalización**: Las instituciones y administraciones públicas brindan asistencia al sector empresarial interno del país para respaldar y desarrollar su incursión en mercados exteriores a través de análisis y evaluaciones estratégicas, identificación de necesidades (como recursos humanos y financieros), etc.

- **Participación en el marco institucional del comercio internacional**: Los gobiernos nacionales participan en el sistema institucional internacional relacionado con las actividades económicas, como la Organización Mundial del Comercio, la Unión Europea o las instituciones financieras multilaterales. Estos buscan intervenir en estos foros para reducir barreras y obstáculos comerciales, como, en beneficio a sus empresas. Con ello, mitigan riesgos en sus operaciones mediante acuerdos de protección de inversiones o propiedad intelectual, por ejemplo.

- **Intervención económica**: A través de subvenciones y beneficios fiscales para la exportación y las inversiones en el extranjero, herramientas que solían ser más relevantes en el pasado, pero que han ido perdiendo importancia debido a las restricciones internacionales impuestas por la Organización Mundial del Comercio (OMC) y la Unión Europea (UE).

Fig. 11. Las organizaciones mundiales globales, como la OMC o la UE, determinan en buena medida la aplicación de políticas de apoyo internacional

Respecto a las políticas de financiación de operaciones internacionales, la intervención económica, ya sea directa o indirecta, supone una de las grandes estrategias de apoyo a la internacionalización y la exportación. Cualquier oferta de exportación conllevará un diseño de:

- **Oferta técnica**: Qué se ofrece y sus características.
- **Oferta comercial**: Qué precio tiene y que política de marketing se sigue.
- **Oferta financiera**: Con las condiciones de financiación de la exportadora al cliente que incluso tiene el apoyo de una entidad de crédito (financiera) para apoyarla.

La financiación perjudica de manera determinante a la competitividad de la oferta y por ello ha sufrido una regulación específica a nivel internacional para evitar distorsiones en la competitividad del mercado evitando que se pueda obtener una ventaja competitiva gracias a una financiación con apoyo público.

La financiación pública existe, pero bajo el marco institucional de la Organización para la Cooperación y el Desarrollo Económico (OCDE), mediante un acuerdo conocido bajo el nombre de Consenso OCDE. Este consenso fue firmado en 1976, tiene rango normativo en la Unión Europea y trata de evitar que las facilidades financieras otorgadas por un Estado a un exportador falseen la competencia y le otorguen una ventaja desleal frente a exportadores de otros países.

 **Saber más**

Las políticas de financiación gubernamental se implementan a través de tres tipos principales de instrumentos:

- Créditos directos que los gobiernos canalizan con sus propios recursos a través de instituciones financieras públicas o fondos públicos con personalidad jurídica propia, para financiar tanto exportaciones como inversiones en el extranjero.

- Garantías públicas para créditos otorgados por instituciones financieras privadas. Estas garantías permiten financiar operaciones de exportación que de otra manera los bancos no aceptarían.

- Participación en el capital de empresas constituidas en el exterior por empresas nacionales.

Mediante estos instrumentos, los gobiernos intervienen en dos variables importantes: el volumen de financiación disponible para las operaciones de internacionalización y las condiciones asociadas a dicha financiación.

5. Cuadro de mando integral

El cuadro de mando integral, conocido como *balanced scorecard*, es una metodología de gestión empresarial que determina y detalla una estrategia de negocios para medir el comportamiento de la actividad de la empresa utilizando cuatro perspectivas: iniciativas, objetivos, indicadores y acciones que la organización debe seguir para ser competitiva.

Creado por Robert Kaplan y David Norton (por **KPMG** y el *Nolan Norton Institute*) por la necesidad de medir el éxito de una organización por medio de otros criterios de evaluación que no fueran aquellos relacionados con la estabilidad y funcionamiento contable y financiero lo que frenaba la capacidad y habilidades de las empresas para crecer y crear valor económico a futuro.

Hoy, esta metodología se utiliza en el departamento de gerencia y dirección como apoyo estratégico a medio y largo plazo, al calcular de forma más sencilla el retorno de inversión.

En la siguiente imagen, se puede apreciar cómo sería el esquema de un CMI (Fuente: *Wikimedia Commons*).

Un cuadro de mando integral se establece con el objetivo de coordinar y potenciar los recursos financieros, humanos, de infraestructura y tecnológicos de una empresa respondiendo a la necesidad de cumplimiento de la misión, visión y valores de la misma (estrategia) que deben dirigir, en suma, todos sus procesos.

Para ello, se creó un cuadro de mando corporativo, una matriz, en la que incluir datos financieros tradicionales (cuanta de pérdidas y ganancias, sumas y saldos, balance económico) junto a otras mediciones de actuaciones realizadas relacionadas con:

- **Cliente**: Plazos de entrega, número de clientes, satisfacción.
- **Procesos**: Número de actividades, calidad, tiempos de duración.
- **Productos**: Eficacia y avances de los mismos.

El *balanced scorecard* o cuadro de mando integral detalla y compara todos estos aspectos señalando una horquilla de cumplimiento para determinar el seguimiento de los indicadores y alcanzar los objetivos comerciales, como se lograrán y quiénes serán los responsables de cumplirlos, incluso de medirlos.

Generar un cuadro de mando integral (CMI) conlleva una serie de ventajas y desventajas:

Ventajas de realizar un CMI	Desventajas de realizar un CMI
• Organizar y alinear los objetivos de todos los departamentos o áreas de una organización. • Permite situar, organizar y determinar el rol de todos los participantes en función del resultado que se está buscando. • Permite disponer de un análisis centralizado del funcionamiento, organización y gestión de la organización al concentrar todos los datos relevantes para su evaluación en una misma herramienta. • Favorece la toma de decisiones estratégicas. • Permite el crecimiento y avance de la empresa en cada uno de los objetivos de la estrategia, de manera concisa, organizada y progresiva.	• No siempre aporta una visión detallada de cada uno de los procesos necesarios para cumplir con los objetivos. • Es una herramienta que requiere una inversión en tiempo para su aplicación, revisión y actualización por lo que necesita que se le añadan datos nuevos constantemente. • Una vez establecida la estrategia, es poco flexible para agregar o eliminar objetivos, por tanto, es dinámica para la gestión de la organización.

Este cuadro de mando busca la consonancia entre objetivos a corto y largo plazo, las medidas financieras y no financieras, los indicadores históricos y de previsión, así como las perspectivas de actuación internas y externas.

En la actualidad, el CMI se emplea como una estructura de organización central de los procesos de gestión más importantes, como establecer objetivos tanto individuales como por equipos, formar, compensar y retroalimentar, distribuir recursos, presupuestos y planificar, así como definir y gestionar la propia estrategia de éxito.

Para medir la situación y evolución de una empresa se usa este CMI, que ofrece una serie de indicadores numéricos y gráficos, que permiten tener una visión general, en tiempo real y objetiva, que ayuda a la toma de decisiones.

Además, este da información sobre la posición de la empresa y sus objetivos, y se usa para monitorizar los parámetros de la empresa obteniendo así una imagen real de aquello que acontece tanto dentro como fuera de esta.

Fig. 12. La elaboración de un Cuadro de Mando Integral conlleva un análisis estadístico de todas las variables definidas en el análisis pactado por la organización

Este estudio utiliza cuatro perspectivas que se interrelacionan entre sí: la financiera, la del cliente, la interna, y la de innovación y formación.

A. Financiera

Busca, mediante indicadores financieros, maximizar el valor y crecimiento de las empresas. El CMI mide estos valores y permite apreciar si las estrategias para conseguir mejorarlos funcionan de la manera adecuada.

Algunas de las propuestas de estudio para la elaboración de los indicadores de seguimiento podrían ser en este aspecto:

- Tasa de crecimiento de los ingresos.
- Retorno de inversión.
- Ciclo de conversión en efectivo.
- Ganancias netas.
- Márgenes de utilidad.

 Objetivo

Un análisis de gestión estratégica bajo esta perspectiva siempre debe tener como objetivo el aumento de ventas y la reducción de gastos.

B. Cliente

Parte fundamental en la vida de una empresa, el CMI debe medir el grado de relación con ellos. Esta perspectiva permite a las empresas asemejar sus indicadores clave sobre los clientes, como por ejemplo la adquisición, la satisfacción, la fidelidad, la rentabilidad y la retención, con los clientes y mercado seleccionados.

El CMI evalúa dentro de las competencias de las empresas aspectos que pueden analizarse como:

- Nivel de satisfacción del cliente.
- Nivel de reconocimiento de marca.
- Expansión del negocio.
- Dificultades del cliente (quejas, devoluciones, etc.).
- Estrategias sin el impacto esperado.

Todo ello proporciona mejorar la experiencia que se les ofrece a los clientes y, así, aumentar el reconocimiento de marca.

C. Procesos internos

Con ellos se determinan procesos cruciales para conseguir los objetivos a alcanzar para cualquier estrategia de reducción de costos. Estos procesos internos agregan valor a los productos y servicios, encontrándonos, dentro de estos procesos, los de gestión y relación con clientes, procesos de creación e innovación, procesos sociales y las acciones que se efectúan en el día a día.

Debe buscar una alineación entre clientes y finanzas de acuerdo a usos como:

- Mejorar el tiempo de respuesta al cliente.
- Optimizar el servicio que se les brinda a los usuarios.
- Aumentar la productividad de los equipos.
- Mejorar un proceso emprendido internamente.
- Crear nuevas campañas mejor enfocadas.

Esta perspectiva posibilita la mejora en la gestión de los proyectos, los productos y servicios, así como aumentar las adquisiciones.

D. Innovación y formación

Para alcanzar los objetivos de las restantes perspectivas están los objetivos que se deben definir en ésta, ya que proporcionan la infraestructura para lograrlos: las empresas deben realizar inversiones en su infraestructura para conseguir metas de crecimiento financiero a largo plazo.

El CMI debe dar información sobre la parte intangible de la empresa: habilidades, capacidades y competencias del capital humano (personal), las redes y la infraestructura informática y de la comunicación (sistemas), y la capacidad y organización de la empresa para llevar a cabo los distintos procesos (procedimientos).

Para medir estas capacidades del personal y estructura interna, se pueden revisar elementos como:

- Ambiente laboral.
- Herramientas de productividad.
- Aspectos motivacionales y competitivos.
- Capacitaciones a personal.
- Actividades de integración.

Resumen

En esta unidad, se han analizado diferentes herramientas de estudio y desarrollo estratégicos claves en cualquier proceso de internacionalización de cualquier organización.

Se trata de herramientas de diagnóstico de la organización, como el que llevan a cabo los Cuadros de Mando Integral (CMI) también denominados *balanced scorecards*, que realizan estudios de estadísticos del funcionamiento y comportamiento de todos y cada uno de los departamentos y áreas de trabajo de las organizaciones en torno a cuatro epígrafes: finanzas, clientes, procesos internos e innovación y formación.

Los datos que se obtienen de este estudio son datos estratégicos que pueden ser utilizados en la fijación de planes de trabajo globales, determinados por el análisis estratégico global de la compañía, y que tienen una relación directa con la fijación de estrategias. Para determinar el funcionamiento a futuro se dispone de metodologías como el desarrollo de escenarios globales, para lanzar hipótesis sobre el comportamiento de la actividad, de las decisiones estratégicas tomadas, de los productos o servicios disponibles, etc.

Cualquier decisión global, si se entiende por global todas aquellas que tienen relación con la globalización conlleva de forma implícita el desarrollo de un proceso de análisis y estudio de los datos obtenidos, por medio del cual se fijan estrategias y se determinan formas de actuación a futuro.

La determinación de cualquier acción empresarial depende de un estudio pormenorizado (CMI) que determine tendencias sobre las que pueda tomar decisiones estratégicas (fijación de estrategias) que señalan la evolución y determinación de los objetivos a futuro (remarcados por un análisis de escenarios globales) cuya aplicación práctica se lleva a cabo por medio de los planes de trabajo globales, apoyados en última instancia para lograr los objetivos señalados en apoyos (políticos, administrativos) institucionales.

U. A. 3. Estrategias empresariales

Glosario

Balance scorecard

Metodología de gestión estratégica utilizada para definir y hacer seguimiento a la estrategia de una organización.

Consorcio

Agrupación de entidades para la consecución de un negocio importante. Esta unión puede resultar temporal, o determinada.

Contingencia

Posibilidad de que algo suceda o no suceda, por tanto, se trata de sucesos casuales que determinan la toma de decisiones o, al menos el análisis de la situación y consecuencias determinadas.

Ecommerce

Traducido del inglés, comercio electrónico (*e- electronic*) (*commerce-* comercio), consiste en la compra y venta de productos y/o servicios a través de internet por medio de páginas web, redes sociales, etc.

Parametrizar

Metodología de estudio basada en parámetros, es decir, datos o factores que se toman como los necesarios para analizar o valorar una situación.

Ejercicios de autoevaluación

1. Un escenario global es:

a. Un procedimiento de análisis de mercados y condiciones de mercado.

b. Un procedimiento de análisis de entornos y condicionantes en torno a los objetivos y estructuras de una organización.

c. Un procedimiento de análisis de procedimientos de venta.

2. Un escenario global debe resultar:

a. Exhaustivo, posible, reconocible y consistente.

b. Complejo, analítico, extenso y reconocible.

c. Claro, conciso, concreto y capaz.

3. Para acceder a un mercado internacional:

a. Se sigue un procedimiento directo: exportar.

b. Se sigue un procedimiento indirecto: buscar a alguien que exporte por tí.

c. Se sigue un procedimiento de análisis antes de realizar cualquier acción exportadora.

4. Los diferentes tipos de estrategias de internacionalización son:

a. De mercado, de producto y de cliente.

b. Exportadora, importadora y mixta.

c. Multinacional, transnacional y global.

5. Un plan de trabajo se basa en diferentes tipos de planificación organizacional como son:

a. La estratégica, la táctica, la operacional y la de contingencia.

b. La estratégica, la objetiva, la estructural y la evaluativa.

c. La financiera, la operacional, la de clientes y la de evaluación.

6. La primera etapa de un plan de trabajo resulta:

a. El desarrollo de un plan operativo.

b. El desarrollo de un plan estratégico.

c. El desarrollo de un plan de ventas.

7. Las políticas de apoyo pretenden ayudar a resolver barreras en el proceso de internacionalización como, por ejemplo:

a. Falta de financiación, falta de producto, falta de comerciales.

b. Falta de financiación, barreras arancelarias, dificultades de acceso.

c. Falta de información, falta de preparación del personal, dificultad para encontrar nuevos clientes.

8. Un escenario global es:

a. Un procedimiento de análisis de mercados y condiciones de mercado.

b. Un procedimiento de análisis de entornos y condicionantes en torno a los objetivos y estructuras de una organización.

c. Un procedimiento de análisis de procedimientos de venta.

9. Un CMI es:

a. Un Cuarto de Mandos Interesantes.

b. Un Cuadro de Mantenimiento Integral.

c. Un Cuadro de Mando Integral.

10. Un análisis a través de un Cuadro de Mando Integral permite:

a. Un análisis de los precios de los productos y niveles de venta.
b. Un análisis de la gestión empresarial de los mandos intermedios de la organización.
c. Un análisis que permite organizar y alinear los objetivos de todos los departamentos o áreas de la organización.

U. A. 3. Estrategias empresariales

U. A. 4. Marketing y comercio exterior

Introducción

La globalización ha transformado radicalmente el escenario empresarial, brindando nuevas oportunidades y desafíos a las organizaciones. En este contexto, el marketing global y la logística se convierten en elementos fundamentales en la economía del comercio internacional.

Así, las estrategias de marketing en un contexto internacional, permite adaptarse a las diferencias culturales, económicas y sociales de los distintos mercados, así como expandir sus operaciones más allá de sus fronteras nacionales. En este punto entra el llamado comercio internacional, el cual
cuenta con unos objetos y actores que permiten la relación fluida de bienes y servicios, desarrollada a partir de acuerdos y tratados de comercio internacional.

Todos estos movimientos internacionales han influido en la logística y en el transporte de los mismos, cuyas estrategias deberán focalizarse en conseguir superar los retos que supone una economía globalizada conectada. Para ello, las empresas cuentan con departamentos específicos de comercio exterior en el que desarrollan todos los aspectos relacionados con este: desde los movimientos de los productos y materias primas hasta el marketing global.

Objetivos

- Comprender los conceptos fundamentales del marketing global y su aplicación en el entorno empresarial actual.

- Analizar los principios y teorías del comercio internacional, así como los acuerdos y tratados comerciales más relevantes.

- Explorar la importancia y funcionamiento de la logística en la globalización y su impacto en la eficiencia y competitividad de las empresas a nivel global.

- Comprender la organización interna y externa de las empresas a través del departamento de comercio exterior y su externalización.

1. Bases del marketing global

El marketing global hace referencia al estudio y la aplicación de estrategias de marketing en una economía globalizada. Es un campo de investigación y práctica que se centra en la planificación, implementación y control de actividades de marketing para promover productos, servicios o marcas en diferentes países y culturas.

Esto implica una comprensión profunda de los mercados internacionales, incluyendo factores económicos, socioculturales, políticos y legales que influyen en el comportamiento del consumidor y en las prácticas comerciales en diferentes regiones del mundo.

Los profesionales del marketing internacional o global deben estar al corriente de las tendencias globales, los patrones de consumo, las barreras comerciales y las estrategias de entrada al mercado para maximizar las oportunidades y minimizar los riesgos en entornos internacionales.

Asimismo, también ha de identificar y evaluar las oportunidades del mercado a nivel global, adaptar las estrategias y tácticas de marketing a las características propias de cada mercado, considerando aspectos culturales e idiomáticas, así como las preferencias del consumidos y las regulaciones específicas.

Fig. 1. El marketing global investiga y aplica estrategias de marketing en una economía globalizada

Esto incluye el análisis de segmentación de mercado, la investigación de mercado transcultural, el desarrollo de productos o servicios adaptados y la planificación de comunicaciones y promociones internacionales.

El marketing global también se ocupa de aspectos relacionados con la gestión de canales de distribución internacionales, la logística global, el análisis de precios internacionales y las estrategias de entrada al mercado en diferentes países. Así, se busca encontrar un equilibrio entre la estandarización global y la adaptación local, teniendo en cuenta las particularidades de cada mercado y las demandas de los consumidores finales. Todo ello supone personalizar los propios productos y servicios, la comunicación y los mensajes de publicidad, los cuales deben asegurar una respuesta positiva por parte de los consumidores.

 Cita

"El marketing internacional es el proceso de planeación y realización de transacciones a través de las fronteras nacionales con el fin de crear intercambios que satisfagan los objetivos de los individuos y las organizaciones" - Czinkota, M.; Ronkainen, I. (2008).

El marketing internacional se caracteriza por diversas particularidades que definen su funcionamiento. En primer lugar, uno de los pilares fundamentales es la expansión del mercado, ya que implica que las empresas busquen penetrar en mercados distintos a su país de origen. Esta expansión puede lograrse a través de estrategias de diversificación, introduciendo nuevos productos en mercados nuevos, o mediante estrategias de desarrollo de mercados, compitiendo con los mismos productos en un país diferente.

La mayor capacidad productiva es otra característica relevante, ya que la internacionalización muchas veces surge como respuesta a un exceso de producción que necesita ser liquidado. Por lo tanto, las empresas deben aumentar su capacidad productiva para satisfacer la demanda global.

Por otro lado, la exportación es un componente esencial del marketing global, que implica el transporte y la venta de mercancías en otros países. Para ello, se establecen contactos con tiendas generales o especializadas que puedan comercializar los productos, estableciendo acuerdos mutuamente beneficiosos para ambas partes.

Respecto a las oportunidades de empleo, la apertura de sucursales o sedes en el extranjero es una opción que algunas empresas eligen para expandirse. Esta estrategia implica asumir la responsabilidad directa de la administración, promoción y venta de los productos en el mercado extranjero, lo cual conlleva una inversión significativa de recursos y una gestión adicional de procesos burocráticos.

Las empresas internacionales suelen contar con representantes, ya sean contratados o provenientes de la sede original, que desempeñan un papel fundamental en la toma de decisiones diarias relacionadas con las operaciones en el extranjero. Además, establecen relaciones con intermediarios externos, como distribuidores, que colaboran en el proceso de venta y distribución de los productos en diferentes países.

Por último, para tener éxito en los nuevos mercados internacionales, es necesario ofrecer productos o servicios competitivos. Esto implica mantener altos estándares de calidad, contar con una sólida imagen de marca y establecer precios que sean competitivos en relación con los competidores locales. Estos aspectos son fundamentales para captar la atención de los consumidores extranjeros y lograr ventas exitosas.

Los objetivos del marketing global abarcan metas estratégicas y cuantificables que las empresas persiguen al expandir sus operaciones y promover sus productos o servicios en mercados internacionales. Estos objetivos se basan en investigaciones y teorías científicas relacionadas con el comportamiento del consumidor, el análisis de mercado y la gestión empresarial.

Uno de los principales objetivos del marketing global es lograr una expansión geográfica, es decir, aumentar la presencia de la empresa en nuevos mercados internacionales. Esto implica identificar y seleccionar mercados objetivos adecuados, establecer canales de distribución eficientes y adaptar las estrategias de marketing para alcanzar a los consumidores en diferentes ubicaciones geográficas.

Por otra parte, también busca incrementar las ventas y obtener una mayor participación en los mercados internacionales. Para ello, desarrolla estrategias efectivas de promoción y comunicación que generen demanda, atraigan y retengan clientes, y permitan competir de manera exitosa frente a los competidores locales y globales.

Como tercer objetivo se puede definir la diversificación de ingresos. Al expandirse a mercados internacionales, las empresas buscan obtener fuentes adicionales de ingresos y reducir su dependencia de un solo mercado nacional, disminuyendo así los riesgos asociados a un mercado o país específico.

Asimismo, el marketing global persigue el aprovechamiento de las ventajas competitivas de la empresa en los mercados internacionales. Esto implica identificar y utilizar estratégicamente las fortalezas distintivas de la empresa, como su tecnología, conocimiento especializado, marca reconocida o capacidades de producción eficientes, con el fin de diferenciarse de los competidores y obtener una posición ventajosa en los mercados internacionales.

Otro objetivo esencial es mejorar la imagen de marca y la reputación global de la empresa. Esto se logra mediante el desarrollo de estrategias de comunicación y promoción que refuercen los valores y la identidad de la marca, generando confianza y preferencia en los consumidores internacionales.

Por último, este busca adaptar los productos, servicios y estrategias de marketing a las necesidades y preferencias locales de cada mercado objetivo. Esto implica comprender y tener en cuenta las diferencias culturales, económicas y legales, y desarrollar ofertas y mensajes que sean relevantes y atractivos para los consumidores locales.

Por otro lado, los principales factores del marketing internacional son diversos y abarcan aspectos económicos, socioculturales, políticos y legales que influyen en el entorno empresarial global. Se pueden agrupar en cinco grandes bloques:

- **Factores económicos**: Los aspectos económicos tienen un impacto significativo en el marketing global pues incluyen, entre otros, la tasa de cambio de divisas, la estabilidad económica de los países, los niveles de desarrollo económico, los índices de inflación, los patrones de consumo o la disponibilidad de recursos financieros.

  Estos factores afectan la capacidad de las empresas para establecer precios competitivos, desarrollar estrategias de distribución eficientes y adaptar sus productos o servicios a las condiciones económicas de cada mercado.

Fig. 2. Aunque en el comercio internacional siempre se tiene de referencia el dólar estadounidense, los factores económicos como el cambio de divisas entre países o el desarrollo de estos, son aspectos a tener en cuenta en los intercambios internacionales

- **Factores socioculturales**: La diversidad cultural y las diferencias en los valores, creencias, costumbres y comportamientos de los consumidores son aspectos cruciales en el marketing global. Comprender y adaptarse a estas diferencias socioculturales es esencial para el éxito de las estrategias de marketing.

Esto implica la adaptación de mensajes publicitarios, el diseño de productos que se ajusten a las preferencias locales y la consideración de prácticas culturales en la estrategia de precios y distribución.

- **Factores políticos y legales**: Incluyen regulaciones y leyes relacionadas con el comercio internacional, la propiedad intelectual, la competencia, la protección al consumidor y los acuerdos comerciales bilaterales o multilaterales.

Estos factores pueden tener un impacto influyente en la entrada a nuevos mercados, la selección de socios comerciales, la gestión de la cadena de suministro y la protección de los derechos de propiedad intelectual.

- **Factores tecnológicos**: El avance tecnológico y la creciente conectividad global han transformado el marketing global. Las innovaciones tecnológicas, como Internet, el comercio electrónico, las redes sociales y el análisis de datos, han abierto nuevas oportunidades para la expansión internacional.

Las empresas deben adoptar y aprovechar estas tecnologías para mejorar la comunicación con los consumidores, optimizar las estrategias de distribución y promoción, y obtener información valiosa sobre los mercados internacionales.

- **Factores competitivos**: El entorno competitivo global es un factor crítico en el marketing global. Las empresas deben analizar y comprender la competencia en cada mercado objetivo, identificar ventajas competitivas y desarrollar estrategias de posicionamiento efectivas.

Esto implica evaluar la oferta de productos o servicios de la competencia, analizar sus estrategias de precios, distribución y comunicación, así como diferenciarse de manera adecuada para captar la atención y preferencia de los consumidores internacionales.

Por último, cabe mencionar las estrategias del marketing global más conocidas y ampliamente utilizadas que se basan en principios y teorías científicas para expandir la presencia de las empresas en los mercados globales.

A. Estrategias de estandarización global

Esta estrategia implica desarrollar y ofrecer productos, servicios y mensajes de marketing estandarizados en todos los mercados internacionales. Se basa en la premisa de que existe una demanda global homogénea y que los consumidores de diferentes países tienen necesidades y preferencias similares. Al adoptar esta estrategia, las empresas buscan lograr economías de escala, eficiencia en la producción y una imagen de marca consistente en todo el mundo.

Sin embargo, la adaptación del lenguaje es imprescindible. Por una parte, traducir adecuadamente la información y los mensajes y, por otra, a los aspectos cualitativos. Esto implica la capacidad de empatizar con el público objetivo en términos de identificación de necesidades, generación de deseos, tono y estilo de comunicación, entre otros.

Recuerda

Adaptar la comunicación es esencial, al igual que los productos y servicios.

B. Estrategias de adaptación local

Esta estrategia es la contraposición a la estrategia de estandarización. Sus principios básicos se basan en personalizar los productos, servicios y mensajes de marketing para satisfacer las necesidades y preferencias específicas de cada mercado objetivo. Se reconoce que los consumidores en diferentes países tienen diferencias culturales, económicas y sociales, por lo tanto, se requiere una adaptación de la oferta y la comunicación para tener éxito en cada mercado. Esta estrategia puede implicar ajustes en el producto, precio, distribución y promoción.

En ese sentido, es de gran relevancia la comprensión de los hábitos de consumo y las costumbres culturales. Cada mercado tiene sus particularidades y es necesario considerar todas las variables, como los factores políticos y económicos, sociales y culturales, tecnológicos, medioambientales y legales. Es importante comprender los hábitos de consumo y las costumbres de otras culturas para adaptar adecuadamente las propuestas de marketing global.

McDonald's personaliza sus productos según la región o el país donde se encuentre, adaptando los ingredientes al consumo local.

C. Estrategias de segmentación global

La estrategia de segmentación global se basa en la identificación y segmentación de grupos de consumidores con características y necesidades similares en diferentes mercados internacionales. Para ello, las empresas dividen el mercado global en porciones y desarrollan ofertas específicas para cada sección identificada. Esto permite a las empresas adaptar su enfoque de marketing a las particularidades de cada grupo de consumidores, lo que les brinda una ventaja competitiva al ofrecer soluciones más relevantes y personalizadas.

Por ello, la implementación de estrategias y acciones en el marketing global debe incluir indicadores que permitan medir, controlar y tomar decisiones futuras facilitando los ajustes necesarios para aumentar el conocimiento y reconocimiento de la marca a largo plazo. El objetivo es establecer una presencia constante y exitosa en el mercado objetivo.

La marca Coca-Cola identifica con su producto las características y necesidades comunes (el gusto por la bebida), pero adapta la publicidad y el producto a cada mercado.

D. Estrategias de marketing transnacional

Esta estrategia combina elementos de la estandarización global y la adaptación local. Las empresas que adoptan esta estrategia buscan encontrar un equilibrio entre la eficiencia global y la capacidad de respuesta local.

Se esfuerzan por crear una oferta global consistente, al tiempo que realizan adaptaciones específicas a los mercados locales cuando sea necesario. Esto implica mantener una identidad de marca global coherente, al tiempo que se ajustan los aspectos del marketing mix para satisfacer las necesidades de los consumidores en cada mercado.

Así, el marketing global debe diseñar una estrategia coherente que se alinee entre los diferentes países donde la marca busca tener presencia, manteniendo la coherencia en los mensajes. Aunque se requieran cambios y adaptaciones, es fundamental conservar el trasfondo y evitar posibles contradicciones. Esto permite optimizar y aprovechar los esfuerzos, evitando una diversidad innecesaria de formas y mensajes.

E. Estrategias de alianzas y asociaciones

Los principios de esta estrategia se encuentran en establecer alianzas con socios locales para aprovechar su conocimiento y experiencia para acceder a los mercados de manera más efectiva. Esto puede incluir acuerdos de distribución, *joint ventures* o colaboraciones estratégicas con empresas locales establecidas. Estas alianzas permiten a las empresas extranjeras superar barreras culturales, legales y logísticas, y obtener una ventaja competitiva a través de la colaboración.

No obstante, es crucial tener en cuenta las normas y leyes específicas de cada mercado al operar a nivel global ya que es probable que se requiera el cumplimiento de requisitos legales y regulaciones específicas. Por esa razón, es recomendable contar con especialistas internos o externos que ayuden a definir con claridad estos aspectos.

2. Introducción al comercio internacional

El comercio internacional hace referencia a la actividad económica de intercambio de bienes, servicios y recursos entre países o regiones geográficas. Consiste, por tanto, en la compra, venta e intercambio de productos y servicios a través de las fronteras internacionales.

En el comercio internacional, los países se especializan en la producción de bienes y servicios en los que tienen ventajas comparativas o competitivas, y luego los intercambian con otros países para obtener aquellos productos que son más costosos o difíciles de producir localmente. Este intercambio se basa en acuerdos comerciales, aranceles, normativas y acuerdos bilaterales o multilaterales que regulan las transacciones entre los países.

 **Vocabulario**

Arancel: impuesto o gravamen que se aplica a los bienes importados o exportados entre países. Es una medida utilizada por los gobiernos para regular el comercio internacional y proteger los intereses económicos de los productores nacionales. Este se aplica generalmente como un porcentaje del valor del producto y puede variar según el tipo de bien o el país de origen.

El comercio internacional desempeña un papel crucial en la economía global, ya que permite el acceso a una variedad más amplia de productos y servicios, estimula la competencia y la eficiencia, fomenta la especialización productiva y promueve el crecimiento económico. Además, puede contribuir al desarrollo económico de los países al generar empleo, aumentar los ingresos y facilitar la transferencia de conocimientos y tecnología.

Las principales formas de comercio internacional incluyen la exportación e importación de bienes tangibles, como productos manufacturados, materias primas y alimentos, así como la prestación de servicios, como turismo, transporte, servicios financieros y consultoría.

Por otra parte, el comercio internacional se rige por normas y acuerdos internacionales, como los establecidos por la Organización Mundial del Comercio (OMC), que buscan promover la liberalización del comercio, eliminar barreras comerciales y facilitar un entorno comercial justo y equitativo para todos los países participantes.

Anotación

Los conceptos de comercio exterior y comercio internacional son empleados indistintamente y suelen tener una concepción similar. Sin embargo, existe una pequeña diferencia de apreciación. Mientras que el comercio exterior hace referencia al intercambio comercial de un país concreto en relación con los demás, el comercio internacional alude a un concepto más amplio donde se abarcan todas aquellas relaciones comerciales internacionales sin referenciar un país concreto de origen.

Los objetivos a los que se refiere el comercio internacional hacen referencia a las metas estratégicas que las naciones y las organizaciones buscan alcanzar a través de sus actividades comerciales a nivel global. Estos objetivos están fundamentados en teorías y modelos científicos relacionados con el comercio internacional y la economía internacional. Se pueden destacar cinco objetivos fundamentales, que son los que se mencionan a continuación.

1. **Maximización de la eficiencia económica**: Uno de los objetivos fundamentales del comercio internacional es lograr una asignación eficiente de los recursos a nivel mundial. Esto implica que los países se especialicen en la producción de bienes y servicios en los que tienen una ventaja comparativa, es decir, aquellos en los que son relativamente más eficientes, y luego intercambien estos productos con otros países.

   Este enfoque permite aprovechar las economías de escala, reducir los costos de producción y aumentar la eficiencia global.

2. **Crecimiento económico**: El comercio internacional se considera un motor importante para el crecimiento económico de los países. Al participar en el comercio internacional, las naciones pueden aumentar su producción y exportaciones, lo que conduce a un incremento en el empleo, la inversión y el ingreso nacional.

   El crecimiento económico sostenido a través del comercio internacional puede mejorar el nivel de vida de los ciudadanos y promover el desarrollo económico a largo plazo.

3. **Diversificación de mercados y reducción de la dependencia**: Otro objetivo del comercio internacional es diversificar los mercados de exportación e importación de los países. Esto implica buscar nuevos socios comerciales y expandir las relaciones comerciales más allá de los mercados domésticos.

   La diversificación de los mercados ayuda a reducir la dependencia excesiva de un solo mercado y proporciona una mayor estabilidad económica ante cambios en las condiciones económicas o políticas de un país o región en particular.

4. **Acceso a recursos y tecnología**: El comercio internacional permite a los países acceder a recursos y tecnología que pueden ser escasos o no disponibles en su territorio. A través del intercambio comercial, las naciones pueden importar materias primas, tecnología avanzada y conocimientos especializados que les permiten mejorar la productividad, impulsar la innovación y fortalecer su base industrial.

5. **Desarrollo de ventajas competitivas**: Participar en el comercio internacional brinda la oportunidad de desarrollar y fortalecer las ventajas competitivas de una nación. Esto implica identificar y aprovechar los recursos, habilidades y capacidades únicas de un país para producir bienes y servicios que sean altamente valorados en los mercados internacionales.

   El desarrollo de ventajas competitivas sostenibles ayuda a impulsar la exportación y el crecimiento económico a largo plazo.

 **Saber más**

Para saber más sobre la evolución de las principales teorías económicas del comercio internacional centradas en explicar las causas y beneficios del comercio, puedes consultar el siguiente artículo que se adjunta "Diferentes teorías del comercio internacional" de Raquel González Blanco.

Por otro lado, los objetos del comercio internacional en relación a los aspectos de mercado y servicios, se refieren a los elementos y categorías específicas que son objeto de intercambio y transacciones comerciales a nivel internacional. A continuación, se detallan algunos de estos objetos en el ámbito del comercio de bienes y servicios.

- **Bienes físicos:** Se considera el principal objeto del comercio internacional e implica el intercambio de productos tangibles entre países. Estos pueden incluir materias primas, productos manufacturados, bienes de consumo y bienes de capital. El comercio de bienes físicos permite a los países aprovechar sus ventajas comparativas y especializarse en la producción y exportación de aquellos bienes en los que tienen una mayor eficiencia.

- **Servicios:** El comercio internacional de servicios se refiere a la provisión de servicios transfronterizos. Los servicios pueden abarcar una amplia gama de sectores, como servicios financieros, turismo, transporte, telecomunicaciones, consultoría, educación y salud, entre otros. El comercio de servicios contribuye al crecimiento económico al permitir la exportación de conocimientos especializados y la satisfacción de necesidades específicas de los consumidores en otros países.

- **Propiedad intelectual:** La propiedad intelectual juega un papel crucial en el comercio internacional. Comprende los derechos legales sobre invenciones, marcas registradas, derechos de autor, diseños industriales y secretos comerciales.

  El comercio de propiedad intelectual implica la transferencia de estos derechos de propiedad a través de acuerdos de licencia, franquicias o venta directa. Permite a las empresas proteger y monetizar su propiedad intelectual, promoviendo la innovación y el desarrollo económico.

- **Conocimientos y tecnología**: Hace referencia a la transferencia de ideas, conocimientos técnicos, información científica y tecnologías entre países. Esto se logra a través de colaboraciones de investigación, acuerdos de licencia, contratos de transferencia de tecnología y adquisiciones.

El comercio de conocimientos y tecnología fomenta la innovación, el progreso tecnológico y la mejora de la competitividad global al permitir que los países aprovechen los avances desarrollados en otras partes del mundo.

- **Capital y flujos financieros**: Este objeto involucra la inversión extranjera directa (IED) y los flujos financieros transfronterizos. La IED implica la adquisición de activos o la creación de nuevas empresas en otro país, lo que permite a las empresas expandirse y acceder a nuevos mercados.

Los flujos financieros internacionales incluyen transacciones como préstamos, inversiones en acciones y bonos, y transferencias de fondos. Estos flujos de capital facilitan el financiamiento de proyectos, la diversificación de carteras y la mitigación de riesgos.

La siguiente gráfica representa la inversión extranjera directa desde 2007 a 2020. Se puede comprobar la caída desde 2019 por la crisis sanitaria mundial (Fuente: UNCTAD, Informe sobre las inversiones en el mundo 2021).

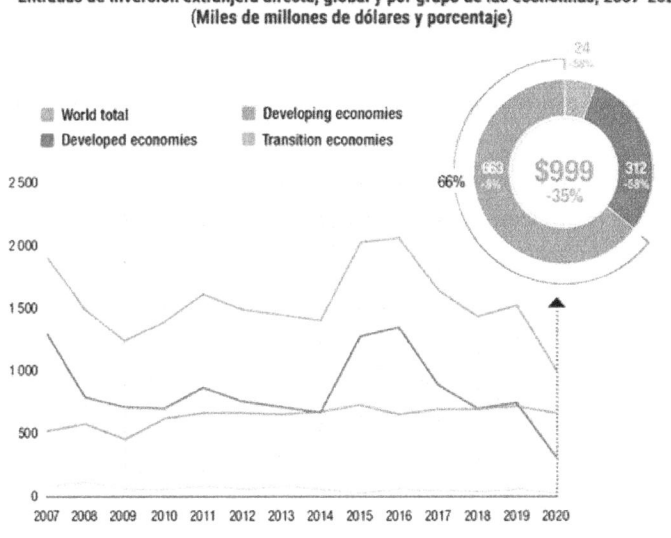

Entradas de inversión extranjera directa, global y por grupo de las economías, 2007-2020
(Miles de millones de dólares y porcentaje)

Respecto a los sujetos del comercio internacional son los actores clave que participan en las transacciones comerciales a nivel global. Estos sujetos pueden ser tanto entidades públicas como privadas y desempeñan roles fundamentales en el desarrollo y la regulación del comercio internacional. Los principales sujetos involucrados en el comercio internacional son los que se enumeran a continuación.

1. **Estados y gobiernos**: Los gobiernos desempeñan un papel fundamental en el comercio internacional. Son los responsables de establecer políticas comerciales, regular el intercambio de bienes y servicios, y representar los intereses de su país en las negociaciones internacionales. A través de los tratados y acuerdos comerciales, los estados buscan promover la apertura y facilitar el comercio, proteger a los productores nacionales y garantizar un entorno comercial equitativo.

2. **Empresas y corporaciones**: Tanto las empresas multinacionales como las pymes participan en actividades de importación y exportación, buscando oportunidades de mercado, estableciendo relaciones comerciales y expandiendo sus operaciones a nivel global. Estas empresas son responsables de la producción, la comercialización y la distribución de bienes y servicios a través de las fronteras.

3. **Intermediarios y agentes**: Son los encargados de facilitar las transacciones comerciales entre los distintos sujetos, prestando servicios que agilizan y aseguran el flujo de mercancías, los pagos internacionales y el cumplimiento de los requisitos legales y aduaneros. Estos intermediarios incluyen agentes aduaneros, empresas de logística y transporte, corredores de comercio, bancos y compañías de seguros.

4. **Organismos internacionales**: Diversas organizaciones internacionales desempeñan un papel importante en el comercio internacional. Por ejemplo, la Organización Mundial del Comercio (OMC) es la institución principal encargada de promover la liberalización del comercio y supervisar las normas comerciales entre los países miembros.

Además, instituciones como el Banco Mundial, el Fondo Monetario Internacional (FMI) y la Conferencia de las Naciones Unidas sobre Comercio y Desarrollo (UNCTAD) brindan asistencia técnica y apoyo para promover el desarrollo económico y el comercio equitativo.

Fig. 4. Imagen de la 16º conferencia de las Naciones Unidas sobre Comercio y Desarrollo (UNCTAD), celebrada en Ginebra (Suiza) en 2019

5. **Consumidores y usuarios**: Este conjunto de actores son los destinatarios finales de los bienes y servicios importados, y sus demandas y preferencias influyen en las decisiones de compra y en el comercio global. Los consumidores internacionales tienen acceso a una amplia gama de productos y se benefician de la competencia, la diversidad y la calidad que ofrece el comercio internacional.

Por último, respecto a los acuerdos y tratados de comercio internacional, como se ha introducido al principio del epígrafe, el comercio internacional se regula mediante acuerdos, normas y tratados que buscan promover el intercambio bilateral o multilateral de objetos en un entorno comercial justo entre países y regiones.

Uno de los primeros acuerdos internacionales más destacados por su influencia en el sistema multilateral de comercio fue el Acuerdo General sobre Aranceles Aduaneros y Comercio (GATT por sus siglas en inglés *General AgreementonTariffs and Trade*), establecido en 1947 y vigente hasta 1955, cuando fue reemplazado por la Organización Mundial del Comercio (OMC). Su creación fue llevada a cabo con el objetivo de promover el comercio internacional y reducir las barreras arancelarias entre los países miembros. La OMC incorporó los principios y normas del GATT, pero amplió su alcance para abordar áreas adicionales como los servicios, la propiedad intelectual y la resolución de disputas.

En la actualidad, la Organización Mundial del Comercio (OMC) es el principal organismo internacional encargado de regular el comercio internacional. Entre sus finalidades se encuentra la promoción de la liberalización comercial y la apertura de mercados, así como establecer normas comerciales y resolver disputas comerciales entre los países miembros.

Fig. 5. La Organización Mundial del Comercio (OMC) es la principal institución internacional en comercio

En la actualidad, la Organización Mundial del Comercio (OMC) es el principal organismo internacional encargado de regular el comercio internacional. Entre sus finalidades se encuentra la promoción de la liberalización comercial y la apertura de mercados, así como establecer normas comerciales y resolver disputas comerciales entre los países miembros.

Los tratados y acuerdos internacionales más conocidos por su relevancia política son los siguientes.

- **Mercado Común del Sur (MERCOSUR)**: Es un bloque económico y político conformado por países de América del Sur. Fue creado con el objetivo de promover la integración regional y fomentar el desarrollo económico, social y cultural de sus Estados miembros. Fue firmado en 1991.

- **Tratado de Libre Comercio de América del Norte (TLCAN)**: Tratado firmado por Canadá, Estados Unidos y México. Este acuerdo establece una zona de libre comercio en América del Norte y ha facilitado el comercio entre los tres países, eliminando barreras arancelarias y promoviendo la integración económica regional. Fue firmado en 1992 y entró en vigor el 1 de enero de 1994.

- **Acuerdo Transpacífico de Cooperación Económica (TPP)**: Fue un acuerdo firmado inicialmente por 12 países, en el que se buscaba establecer una amplia zona de libre comercio en la región Asia-Pacífico. Aunque Estados Unidos se retiró del acuerdo, los 11 países restantes lo han mantenido y lo han renombrado como el Acuerdo Integral y Progresivo para la Asociación Transpacífica (CPTPP), abordando temas como propiedad intelectual, servicios, inversión y protección del medio ambiente. Fue firmado en 2016.

- **Tratado de Libre Comercio entre la Unión Europea y Canadá (CETA)**: Este acuerdo busca eliminar barreras comerciales y promover el comercio y la inversión bilateral. Proporciona acceso preferencial a los mercados y establece normas comunes en áreas como servicios, propiedad intelectual y contratación pública. Entró en vigor el 21 de septiembre de 2017.

- **Acuerdo de Asociación entre la Unión Europea (UE) y el Mercosur**: Entre sus principios se encuentra la reducción de aranceles y barreras, el acceso a mercados agrícolas y protección de las indicaciones geográficas o la resolución de conflictos. Se firmó un acuerdo de principio en 2019.

- **Acuerdo de Asociación Transatlántica para el Comercio y la Inversión (TTIP)**: Este acuerdo estaba siendo negociado entre Estados Unidos y la Unión Europea con el objetivo de eliminar barreras comerciales y armonizar regulaciones para facilitar el comercio bilateral. Sin embargo, las negociaciones se suspendieron en 2016.

- **Acuerdo de Libre Comercio entre la Unión Europea y el Reino Unido**: Acuerdo desarrollado a raíz del Brexit. Fue firmado el 24 de diciembre de 2020 y entró en vigor el 1 de enero de 2021.

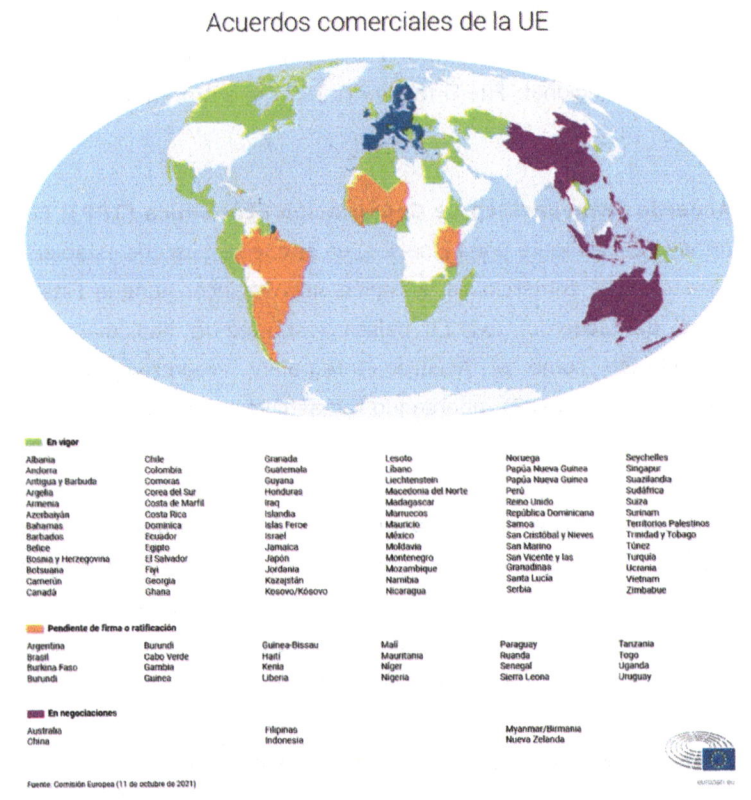

Fig. 6. Acuerdos comerciales de la Unión Europea con el resto del mundo (Fuente: Parlamento Europeo)

En la Unión Europea, la política comercial es competencia exclusiva de la Comisión Europea, lo que significa que es la propia UE, y no los Estados miembros, la que legisla sobre cuestiones comerciales y celebra acuerdos comerciales internacionales.

3. Logística en la globalización

La logística desempeña un papel fundamental en la globalización, ya que se encarga de coordinar y optimizar el flujo de bienes, servicios e información a lo largo de la cadena de suministro en un entorno cada vez más interconectado.

La globalización ha transformado la economía mundial, generando una mayor interconexión y competencia en la demanda de bienes y servicios. Esta nueva realidad plantea desafíos que requieren una gestión logística más eficiente. Para lograrlo, se emplean tecnologías avanzadas, se optimizan procesos y se promueve la colaboración entre los diferentes actores de la cadena. Estas acciones permiten incrementar la agilidad, flexibilidad y capacidad de respuesta ante las demandas del mercado global.

En este contexto, las empresas se enfrentan a desafíos logísticos complejos y cambiantes. En primer lugar, la globalización ha ampliado significativamente el alcance geográfico de las operaciones comerciales. Las empresas se expanden a mercados internacionales, lo que implica gestionar la distribución de productos a través de diferentes países y continentes. Esto requiere una planificación cuidadosa de las rutas de transporte, la gestión aduanera y el cumplimiento de regulaciones internacionales.

Fig. 7. La logística en la globalización incumbe el transporte por todo el planeta y mediante todos los medios de transporte posibles

Además, la globalización ha aumentado la competencia en el mercado global. Las empresas buscan obtener ventajas competitivas a través de una logística eficiente. Esto implica optimizar los procesos de almacenamiento, transporte y distribución para reducir costos y tiempo de entrega, así como mejorar la calidad del servicio al cliente.

 **Importante**

La logística se convierte en un factor clave para diferenciarse de la competencia y ganar la confianza de los consumidores internacionales.

Por otro lado, la globalización también ha dado lugar a cadenas de suministro más complejas y dispersas. Las empresas deben gestionar proveedores y socios en diferentes países, lo que implica coordinar el flujo de materiales y la comunicación en tiempo real. La implementación de tecnologías de información y comunicación juega un papel crucial en este sentido, permitiendo la visibilidad y trazabilidad de los productos a lo largo de toda la cadena de suministro.

Asimismo, la logística en la globalización debe hacer frente a desafíos relacionados con la diversidad cultural, normativas legales y políticas, así como condiciones económicas y sociales variables en los diferentes países. La comprensión de estas particularidades locales es fundamental para adaptar las estrategias logísticas y garantizar el cumplimiento de los requisitos y expectativas de los mercados internacionales.

 **Recuerda**

La cadena de suministro en la logística se refiere al conjunto de actividades y procesos interconectados que están involucrados en la producción, distribución y entrega de bienes y servicios desde el proveedor inicial hasta el consumidor final. Es un sistema integrado que abarca todas las etapas, desde la adquisición de materias primas, la transformación de los productos, el almacenamiento, el transporte y la entrega, hasta el servicio postventa.

La logística desempeña un papel fundamental en la era de la globalización, donde las empresas se enfrentan a nuevos desafíos y oportunidades en la gestión de sus operaciones a nivel mundial. Para hacer frente a estos desafíos, es necesario adoptar estrategias y soluciones innovadoras en el ámbito logístico.

A continuación, se mencionan algunas de estas estrategias con mayor detalle.

A. Estrategias comunes

Establecer estrategias comunes entre proveedores y distribuidores se vuelve esencial en un entorno globalizado. Esto implica una estrecha colaboración y la alineación de objetivos, compartiendo información y recursos para lograr una mayor ventaja competitiva en el mercado internacional.

Compartiendo información y recursos, se logra optimizar los flujos de materiales, mejorar la eficiencia y reducir los costos en toda la cadena de suministro.

B. Alternativas en la manipulación de materiales

Una estrategia logística exitosa debe considerar todas las alternativas de manejo de materiales en la cadena de suministro. Esto incluye evaluar el uso de tecnologías avanzadas, como la automatización y robótica para agilizar los procesos, mejorar la precisión y reducir los tiempos de entrega.

Fig. 8. La necesidad de almacenaje y el correcto inventario y manipulación de los productos se convierten en un factor clave en las estrategias de logística a nivel global

La implementación de sistemas de almacenamiento automatizados, el uso de robots en los centros de distribución y la aplicación de tecnologías de identificación y seguimiento (como códigos de barras y RFID) son ejemplos de cómo se pueden optimizar los procesos logísticos en la globalización.

C. Adaptación del sistema de información y gestión logística

En un entorno globalizado, el sistema de información y gestión logística debe adaptarse a las demandas del mercado y a las necesidades de las operaciones en crecimiento. Esto implica el uso e implementación de sistemas y tecnologías que permitan la trazabilidad y el monitoreo en tiempo real de los flujos de productos, así como una gestión eficiente de inventarios, pedidos y transporte.

Entre otros, se pueden mencionar los de sistemas de gestión de la cadena de suministro (SCM) y de planificación de recursos empresariales (ERP) que permiten la integración de datos, la trazabilidad en tiempo real y la toma de decisiones basada en información actualizada.

Por otra parte, la adopción de tecnologías como el intercambio electrónico de datos (EDI), el análisis de *big data* y las herramientas de pronóstico y planificación mejora la eficiencia y la agilidad de la logística global.

D. Análisis del flujo de materiales y búsqueda de valor real

Es fundamental realizar un análisis detallado del flujo de materiales en la cadena de suministro para identificar posibles cuellos de botella, ineficiencias y oportunidades de mejora en los procesos logísticos.

Al analizar el flujo de materiales, las empresas pueden optimizar las rutas de transporte, implementar políticas de inventario eficientes, mejorar la gestión de almacenes y minimizar los tiempos de espera.

Además, se debe buscar el valor real en cada etapa del proceso logístico, centrándose en actividades que agreguen valor para el cliente final y generen ventajas competitivas en el mercado global.

E. Evaluación y aplicación de tecnología

En un entorno de constante evolución global las empresas deben ser capaces de adaptarse rápidamente a los cambios y aprovechar las oportunidades que brinda la tecnología. La evaluación continua de nuevas herramientas y soluciones tecnológicas es fundamental para mantener una ventaja competitiva.

Esto implica la implementación de sistemas de gestión de almacenes (WMS), tecnología de seguimiento y trazabilidad (como RFID), análisis de datos avanzados y soluciones basadas en la nube. Este proceso puede incluir el uso e implementación de sistemas de gestión de almacenes (WMS) avanzados, la integración de soluciones de seguimiento y trazabilidad basadas en IoT (Internet de las cosas), como RFID.

La adopción de herramientas de análisis de datos para la toma de decisiones informadas y la aplicación de soluciones basadas en la nube permite una gestión más eficiente de la cadena de suministro, optimizando la planificación, el monitoreo y la toma de decisiones.

Fig. 9. El transporte marítimo a base de contenedores se ha convertido en el medio más utilizado por su eficiencia para la logística global

Para finalizar este apartado, cabe mencionar los retos a los que se enfrenta la logística en la globalización.

La globalización ha transformado significativamente el panorama empresarial, generando tanto oportunidades como desafíos para la logística. En este entorno globalizado, las empresas se enfrentan a una serie de retos que requieren una gestión logística eficiente y adaptable, como la rapidez y la agilidad de la entrega, en mercados altamente competitivos y que esperan una inmediatez y flexibilidad en los servicios logísticos.

Como principal reto logístico se puede situar la mayor complejidad en la cadena de suministro debido a la expansión de las operaciones comerciales en múltiples países y regiones. Todo ello conlleva una mayor complejidad en este aspecto ya que se deben coordinar múltiples proveedores, distribuidores y socios logísticos en diferentes ubicaciones geográficas. La gestión de esta requiere una mayor capacidad de coordinación, comunicación y control a lo largo de la cadena de suministro global.

Sin dejar la cadena de suministro, la globalización también la expone a una mayor variedad de riesgos y vulnerabilidades en esta. Estas pueden incluir interrupciones en el suministro debido a desastres naturales, conflictos geopolíticos, cambios en las regulaciones comerciales o problemas en la infraestructura de transporte.

 **Importante**

La logística global debe ser capaz de identificar y gestionar estos riesgos, implementando medidas de mitigación y desarrollando planes de contingencia para minimizar el impacto de las interrupciones en la cadena de suministro.

Fig. 10. Las terminales de contenedores portuarias se enfrentan a los retos de la logística global pues toda la infraestructura debe funcionar a la perfección para conseguir su eficiencia

Por otra parte, se encuentra el reto sobre la distancia y el tiempo de tránsito. Al expandirse las operaciones a nivel mundial, se requiere un mayor alcance geográfico de las actividades logísticas. Esto puede resultar en distancias más largas y mayores tiempos de tránsito de los productos. La gestión eficiente de la logística global requiere el diseño de rutas de transporte óptimas, la elección de modos de transporte adecuados y la minimización de los tiempos de espera en las aduanas y los puntos de transferencia.

La globalización también debe tener en cuenta el reto de la diversidad cultural y legal. Debido a operar en diferentes países con culturas, idiomas y regulaciones legales distintas, estas pueden afectar la forma en que se realizan las operaciones logísticas, desde el etiquetado y embalaje de los productos hasta los procedimientos aduaneros y los requisitos de seguridad. La comprensión y adaptación a estas diferencias culturales y legales son fundamentales para garantizar una logística eficiente y cumplir con las normativas locales.

Finalmente, se debe tener en cuenta una mayor competencia y presión de costos. Las empresas se enfrentan al desafío de ofrecer servicios logísticos eficientes a precios competitivos, lo que puede requerir la optimización de la cadena de suministro, la búsqueda de eficiencias en los procesos logísticos, la negociación de acuerdos favorables con proveedores y socios logísticos, y la adopción de tecnologías que mejoren la productividad y la eficiencia operativa.

4. Organización interna y externa

El departamento de comercio exterior de una empresa es el encargado de gestionar y coordinar las actividades relacionadas con las operaciones comerciales en el ámbito internacional.

En un mundo cada vez más globalizado, donde las empresas buscan expandir sus operaciones más allá de las fronteras, este departamento se encarga de gestionar y facilitar las actividades comerciales en el ámbito internacional.

La globalización ha generado nuevas oportunidades y desafíos para las organizaciones, y el comercio exterior se ha convertido en un factor estratégico para su crecimiento y competitividad.

Por ello, la creación de un departamento de comercio exterior es sumamente necesario ya que se encarga de establecer y fortalecer las relaciones comerciales con otros países, identificar oportunidades de mercado, desarrollar estrategias de entrada en nuevos territorios y gestionar todas las actividades relacionadas con las importaciones y exportaciones.

Sobre las funciones del departamento de comercio exterior, a grandes rasgos, se puede afirmar que la principal función del departamento de comercio exterior es facilitar y promover el comercio de la empresa en mercados extranjeros, asegurando el cumplimiento de las normativas y regulaciones comerciales internacionales.

En concreto, las principales funciones que realiza el departamento de comercio exterior son:

- **Análisis de mercados**: El departamento realiza estudios de mercado para identificar oportunidades de negocio en diferentes países y evaluar la demanda y la competencia.

  Esto implica investigar las tendencias comerciales, los hábitos de consumo, las preferencias del mercado y la situación económica y política de los países objetivo.

- **Planificación estratégica**: Otro aspecto importante es la elaboración de planes estratégicos para la expansión internacional de la empresa, definiendo objetivos comerciales, identificando los mercados y estableciendo las estrategias de entrada y desarrollo en cada uno de ellos.

  Esto implica determinar los canales de distribución, establecer alianzas con socios comerciales y definir políticas de precios y promoción.

Fig. 11. Una de las funciones del departamento de comercio exterior es implementar una estrategia comercial en países extranjeros

- **Gestión de operaciones comerciales**: El departamento también es el encargado de coordinar y gestionar las operaciones comerciales internacionales, desde la negociación y formalización de contratos de venta o compra, hasta el seguimiento y control de los embarques y la gestión de los trámites aduaneros.

  Esto implica asegurar el cumplimiento de los plazos de entrega, la calidad de los productos y el cumplimiento de las regulaciones y normativas comerciales internacionales.

- **Gestión de logística y transporte**: Esta función conlleva la coordinación de las actividades logísticas y de transporte relacionadas con el comercio internacional.

  Esto incluye la contratación de servicios de transporte, la gestión de inventarios, el almacenamiento y la distribución de los productos en los mercados internacionales. Además, se encarga de asegurar una gestión eficiente de la cadena de suministro, optimizando los tiempos de entrega y minimizando los costos logísticos.

- **Gestión de documentos y trámites aduaneros**: Finalmente, el departamento se encarga de la preparación y gestión de la documentación necesaria para las operaciones de importación y exportación, como facturas comerciales, listas de empaque, certificados de origen y documentos de transporte. Asimismo, se encarga de coordinar y gestionar los trámites aduaneros, asegurando el cumplimiento de las regulaciones y normativas aduaneras.

Por otro lado, el departamento de comercio exterior se compone de diversas áreas especializadas en cada uno de los aspectos logísticos del comercio exterior. Aunque difieren según el tamaño y el tipo de empresa, se pueden señalar las que se enumeran a continuación.

1. **Exportaciones**: Se encarga de todas las actividades relacionadas con la venta y distribución de productos o servicios de la empresa en mercados extranjeros. Incluye la identificación de oportunidades de exportación, la gestión de contratos internacionales, la coordinación logística de envío y entrega, la gestión aduanera y el cumplimiento de regulaciones de comercio exterior.

2. **Importaciones**: Se ocupa de todas las actividades relacionadas con la adquisición de bienes y servicios procedentes de otros países para el uso o venta dentro del mercado local. Esto incluye la búsqueda y selección de proveedores internacionales, la negociación de contratos de compra, la gestión de procesos aduaneros, la coordinación de la logística de importación y el cumplimiento de normativas aduaneras y de seguridad.

Fig. 12. Una de las áreas que competen al departamento de comercio exterior es la logística de los productos, no solo su transporte sino también la gestión de los almacenes y centros de distribución

3. **Gestión de operaciones**: Se enfoca en la gestión global de las operaciones de la empresa en el ámbito internacional. Incluye la planificación estratégica de expansión a nuevos mercados, la evaluación de riesgos y oportunidades, el análisis de factores económicos y políticos, la gestión de relaciones con socios y aliados internacionales, y la supervisión de las actividades comerciales en diferentes países.

4. **Logística**: Se ocupa de la gestión de los flujos de bienes y servicios a nivel global. Esto incluye la planificación y coordinación del transporte internacional, la gestión de almacenes y centros de distribución, la optimización de rutas y tiempos de entrega, y la selección de proveedores logísticos.

5. **Regulaciones**: Se encarga de asegurar el cumplimiento de las normativas y regulaciones relacionadas con el comercio exterior, tanto a nivel nacional como internacional. Esto implica el seguimiento de las leyes aduaneras, las regulaciones de control de exportaciones, las políticas comerciales y los acuerdos internacionales

6. **Finanzas**: Se encarga de gestionar los aspectos financieros relacionados con el comercio exterior, tales como el manejo de divisas, el financiamiento de operaciones internacionales, el control de pagos y cobros, o el control de riesgos financieros asociados a las transacciones internacionales.

7. **Marketing internacional**: Es responsable de la investigación de mercados internacionales, la adaptación de productos y estrategias de marketing a diferentes culturas y países, la identificación de oportunidades de negocio en el extranjero y el desarrollo de estrategias de entrada a nuevos mercados.

Por último, cabe señalar la importancia de externalizar los servicios de un departamento de comercio exterior.

La decisión de externalizar los servicios de un departamento de comercio exterior depende de varios factores y circunstancias específicas de cada empresa, así como de las necesidades que la misma tenga. En algunos momentos o situaciones, considerar la externalización de estos servicios puede resultar beneficioso.

Una de las razones para optar por la externalización es la falta de experiencia o conocimiento interno en comercio exterior. Si la empresa no cuenta con personal especializado o suficiente experiencia en este campo, contratar expertos externos garantizará la realización eficiente de operaciones de importación y exportación, cumpliendo con las regulaciones y procedimientos aduaneros. En este punto, también puede ser positivo formar a personal interno de la propia empresa por si, en un futuro, se pretende crear un departamento de comercio exterior.

Otro de los motivos que puede llevar a una empresa a externalizar el departamento de comercio exterior es la reducción de costos. Contratar servicios especializados externos suele ser más económico que mantener un departamento interno, sobre todo si las operaciones de comercio internacional de la empresa no son frecuentes o de gran escala.

Fig. 13. Externalizar los servicios de comercio exterior de una empresa supone diversos aspectos positivos para, como eficacia, reducción de gastos o contactos

Además del aspecto económico, externalizar los servicios permite que la empresa adjudicataria, especialista en comercio internacional y exterior, puede acceder a una amplia red de contactos y conocimiento global. Los proveedores externos suelen contar con experiencia y relaciones establecidas en diferentes mercados internacionales, lo que facilita las operaciones y abre nuevas oportunidades comerciales.

Un cuarto aspecto para externalizar el servicio es focalizar el negocio en su actividad principal y en el desarrollo de su producto o servicio principal. Es decir, al confiar en expertos externos para manejar las operaciones de comercio internacional, la empresa puede dedicar más tiempo y recursos a mejorar su oferta, innovar y expandir su presencia en el mercado. Al enfocarse en el núcleo del negocio, se pueden lograr mayores niveles de eficiencia y competitividad.

Resumen

En esta unidad, se han detallado diversos aspectos del marketing y el comercio internacional relacionados con la importancia en el entorno empresarial actual.

Por un lado, están las bases del marketing global, donde se detalla cómo las empresas adaptan sus estrategias de marketing para operar a nivel internacional. Asimismo, se deben conocer otros aspectos y conceptos fundamentales, como sus características, objetivos, factores y estrategias empleadas para su implantación.

Respecto al comercio internacional y su papel en la economía global, se deben conocer sus principales objetivos, así como los objetos y los actores que lo conforman.

La logística en la globalización es fundamental para las empresas que operan a nivel internacional. Para ello, se deben tener en cuenta una serie de estrategias y retos a los que se enfrenta la logística en una economía globalizada, por ejemplo, la implementación de sistemas de almacenamiento automatizados o implementar de sistemas de gestión de almacenes (WMS), tecnología de seguimiento y trazabilidad (como RFID), análisis de datos avanzados y soluciones basadas en la nube.

La organización interna y externa de las empresas en el contexto del comercio internacional es otro factor clave. Esto conlleva que existan una serie de funciones y áreas que conforman el departamento de comercio exterior de una empresa. Asimismo, también se deben conocer los motivos para externalizar dicho departamento a una empresa especializada, por ejemplo, para focalizar el negocio en su actividad principal y en el desarrollo de su producto o servicio principal.

Glosario

Cadena de suministro

Conjunto de actividades y procesos interconectados que están involucrados en la producción, distribución y entrega de bienes y servicios desde el proveedor inicial hasta el consumidor final.

Globalización

Proceso de interconexión e interdependencia creciente a nivel mundial, que abarca aspectos económicos, políticos, sociales y culturales. Se caracteriza por la expansión y la integración de las actividades económicas, las comunicaciones y la cultura a escala global.

Inversión extranjera directa (IED)

Inversión que realiza una entidad económica, que puede ser un país, empresa, individuo, etc. de un determinado país en otro país extranjero como inversión a largo plazo.

Joint venture

También llamada "empresa conjunta", es una forma de colaboración empresarial en la cual dos o más empresas deciden unir sus recursos, conocimientos y capacidades para llevar a cabo un proyecto o emprender una actividad comercial específica. En una *joint venture*, las empresas participantes establecen una entidad legal independiente para llevar a cabo la colaboración, y comparten los riesgos, los costos, los beneficios y el control sobre las operaciones.

Logística

Proceso de planificación, implementación y control eficiente del flujo y almacenamiento de bienes, servicios e información, desde el punto de origen hasta el punto de consumo, con el objetivo de satisfacer las necesidades del cliente. En otras palabras, la logística se ocupa de gestionar y coordinar todas las actividades relacionadas con la cadena de suministro de una empresa.

Ejercicios de autoevaluación

1. **La expansión del mercado y el uso del excedente de producción son dos beneficios del:**

   a. Comercio internacional.

   b. Marketing global.

   c. Logística.

2. **¿Qué organización se encarga de regular el comercio entre los países de la Unión Europea?**

   a. Comisión Europea.

   b. Parlamento Europeo.

   c. Banco Central Europeo.

3. **¿Cuál es el principal desafío logístico en la globalización?**

   a. La reducción de costos de transporte.

   b. La minimización del impacto ambiental.

   c. La gestión eficiente de la cadena de suministro.

4. **¿Qué acuerdo se considera el precedente de la Organización Mundial del Comercio?**

   a. Acuerdo de Asociación Transatlántica para el Comercio y la Inversión.

   b. Tratado Integral y Progresivo de Asociación Transpacífico.

   c. Acuerdo General sobre Aranceles Aduaneros y Comercio.

5. ¿Qué es un arancel en el contexto del comercio internacional?

   a. Una subvención otorgada a las empresas extranjeras.
   b. Un impuesto sobre las importaciones o exportaciones.
   c. Un acuerdo bilateral entre dos países.

6. La estrategia de marketing de estandarización global hace referencia a:

   a. La adaptación los productos y mensajes de marketing a los gustos y preferencias de cada país.
   b. La identificación de segmentos de mercado similares en diferentes países y el diseño una oferta global para ellos.
   c. El enfoque en ofrecer el mismo producto y mensaje de marketing en todos los países.

7. ¿ Qué es la cadena de suministro en el contexto de la logística?

   a. El proceso de distribución de productos en el mercado local.
   b. El conjunto de actividades y procesos que conforman todas las fases de producción, entrega y venta de un producto.
   c. El sistema de control de inventario en una empresa.

8. ¿Cuál de los siguientes modos de transporte es el más utilizado en la logística global?

   a. Transporte terrestre.
   b. Transporte aéreo.
   c. Transporte marítimo.

9. ¿Cuántos países se incluyen en el Tratado Integral y Progresivo de Asociación Transpacífico (CPTPP)?

a. 11.
b. 12.
c. 14.

10. ¿Qué es la externalización logística?

a. La producción interna de todos los componentes de un producto.
b. La subcontratación de actividades logísticas a terceros especializados.
c. El almacenamiento de productos en un almacén externo.

Aplicación práctica

Aplicación práctica 1. Organización Mundial del Comercio (OMC)

U. A. 1. La economía global

Imagina que formas parte del equipo de comunicación de la Organización Mundial del Comercio y que desde la dirección del organismo se ha decidido realizar una campaña informativa entre los estudiantes de secundaria de todos los países para promocionarla y darla a conocer.

El director del departamento te ha solicitado que te encargues de realizar una presentación en Power Point (u otra herramienta similar) para exponerla en clase y que este alumnado pueda entender qué son las organizaciones en general, qué es la OMC en particular, qué hace, cuáles son sus funciones y a qué se debe la importancia de esta organización.

Aplicación práctica 2. Integración europea

U. A. 1. La economía global

España forma parte de un gran número de organizaciones internacionales, tanto regionales como de alcance global. Una de ellas es la Unión Europea. Para esta actividad, busca información y elabora una infografía con una línea de tiempo dónde aparezcan los siguientes hitos en la integración europea y una explicación de qué añadieron o significaron.

- Firma del Tratado de Lisboa. Primer Tratado de París.
- Firma del Tratado de Maastricht. Firma del Tratado de Ámsterdam. Segundo Tratado de París.
- Aprobación del Acta Única Europea.

 Anotación

Para elaborar la infografía puedes utilizar una herramienta de diseño como Canva.

Aplicación práctica 3. Proceso de internacionalización

U. A. 2. Exploración y análisis de mercados globales

Atento S.L. es una empresa con matriz española, con domicilio social en Suances, que se dedica a la comercialización de productos relacionados con organización de espacios de trabajo, almacenaje, productos de papelería, etc.

La empresa, comenzó a través del emprendimiento de uno de sus socios fundadores, comercial de productos de papelería que fue asumiendo la distribución de nuevos productos para responder a las necesidades y peticiones de sus clientes más importantes. El siguiente paso fue asumir, directamente, la producción de algunos productos que no podía conseguir en el mercado, ni nacional ni internacional de proveedores.

La fabricación de productos propios, comercializados con su marca, Atento S.L., le ha permitido crecer y consideran que este es el momento de internacionalizar su actividad como un medio para lograr mejorar su cuenta de resultados.

El éxito de la sostenibilidad de su empresa en este momento es que fabrica con cantidades cortas y logra distribuir su producción de forma sencilla en el mercado nacional. Sus precios son ajustados y realiza un escalado de precios en función de la relación que tiene con sus clientes y proveedores. Atento S.L., siempre se muestra disponible a poder negociar precios, producciones, etc. Su estrategia de marketing y comunicación, en este momento, se basa en el desarrollo y gestión de su equipo comercial y en su red de contactos.

Siempre han tenido interés en conocer el mercado sueco, como un referente en el sector de la fabricación y comercialización de productos de oficina. Han conseguido un montón de folletos de empresas fabricantes y distribuidoras de este material una feria de profesionales de material de oficina.

- Realiza una exploración y análisis de las posibilidades de internacionalización de la empresa Atento S.L.

- Señala que tipo de barreras podría encontrar a la hora de realizar su internacionalización.
- ¿Qué tipo de cambios debería acometer para realizar su internacionalización?
- ¿Aconsejarías, por tanto, como viable, la internacionalización que quiere realizar?

Aplicación práctica 4. Estrategia empresarial

U. A. 3. Estrategias empresariales

Consisted S.L., es una empresa que se dedica a la manufactura y comercialización de esferificaciones de líquidos en contenedores sostenibles, ecológicos y consumibles. Comenzaron con el diseño de esferas para contener agua que se utilizaba para el riego sostenible de plantas en macetas, pero su desarrollo tecnológico le llevó a desarrollar esferificaciones para todo tipo de usos, principalmente el alimenticio: consumo de agua en zonas alejadas en situaciones de sequía, esferificaciones para gastronomía, etc.

Para la creación de las esferificaciones utilizan materiales reciclados, restos de comida y restos de materiales naturales, su estrategia de comunicación y marketing se basa en la promoción de la sostenibilidad y de su ciclo de coste cero: ningún desperdicio, uso de materiales naturales, sostenibles, etc.

1. En base a la realidad de la empresa, ¿qué tipo de escenario podría crearse en base a las certezas y riesgos observados en la actividad de la empresa?
2. ¿Qué tipo de estrategia de internacionalización sería la más adecuada para esta empresa?
3. ¿Qué tipo de políticas de apoyo internacional debería explotar?
4. Revisa la información, busca documentación y señala, al menos un indicador de cumplimiento cada una de las perspectivas de estudio que componen un Cuadro de Mando Integral: Financieros, Clientes, Procesos internos, Innovación y formación.

Aplicación práctica 5. Riesgos de la expansión

U. A. 3. Estrategias empresariales

Cuando se toma la decisión de expandir el mercado y tratar de introducirse en otro país, la decisión de cómo y dónde no debe dejarse al azar. Al contrario, es fundamental realizar una serie de análisis para determinar la viabilidad y la conveniencia de hacerlo.

Realiza una búsqueda en internet (puedes basarte en el ICEX) e identifica los posibles riesgos (país, normativo, económico, tipo de cambio) que puede suponer optar por un determinado país.

Aplicación práctica 6. Estrategias de adaptación local

U. A. 4. Marketing y comercio exterior

Las estrategias de adaptación local se basan en personalizar los productos, servicios y mensajes de marketing para satisfacer las necesidades y preferencias específicas de cada mercado objetivo. Se reconoce que los consumidores en diferentes países tienen diferencias culturales, económicas y sociales, por lo tanto, se requiere una adaptación de la oferta y la comunicación para tener éxito en cada mercado.

Imagina que eres el propietario de una tienda de ropa española que ha conseguido penetrar en el mercado asiático. Plantea cómo sería una prenda de abrigo adaptada al mercado español y cómo sería una adaptación dirigida a un público de un país del sudeste asiático. Investiga sobre sus características sociales, demográficas o climatológicas y razona la respuesta.

Aplicación práctica 7. Departamento de comercio exterior

U. A. 4. Marketing y comercio exterior

Imagina que la empresa en la que trabajas debe contratar a una persona para el departamento de comercio exterior. En la entrevista, tú vas a ser el encargado de explicar a los candidatos cómo es el departamento en el que van a trabajar y las tareas que se realizan en él.

Elabora una infografía que sea clara y sencilla para facilitarle esa información.

Ejercicio de evaluación final

1. **¿Cuál de los siguientes factores contribuyó al surgimiento de la globalización en las últimas décadas?**

   a. Desarrollo del neoliberalismo.

   b. Reducción de las inversiones extranjeras.

   c. Aislamiento de los países comunistas.

2. **¿Cuál de las siguientes opciones describe una crítica a la globalización?**

   a. El aumento de la cooperación económica internacional.

   b. La mejora en las condiciones de vida de las personas en todo el mundo.

   c. El impacto negativo en la desigualdad económica y social.

3. **¿Cuál de los siguientes movimientos se caracteriza por su crítica a la globalización?**

   a. Movimiento por la Justicia Global.

   b. Organización Mundial del Comercio (OMC).

   c. Banco Mundial.

4. **¿Cuál de los siguientes factores ha contribuido al desarrollo de la globalización económica?**

   a. Aislamiento de los países en vías de desarrollo.

   b. Avances en las tecnologías de la información y la comunicación.

   c. Mayor intervención estatal en la economía.

5. ¿Cuál es uno de los desafíos en la adopción de la innovación tecnológica y la digitalización?

   a. Falta de acceso a la tecnología en ciertas regiones y segmentos de la sociedad.

   b. Exceso de regulaciones gubernamentales que limitan la adopción tecnológica.

   c. Falta de inversión en investigación y desarrollo de nuevas tecnologías.

6. ¿Qué tipo de habilidades son cada vez más valoradas en el mercado laboral global?

   a. Habilidades interpersonales y de comunicación.

   b. Habilidades físicas y manuales.

   c. Habilidades artísticas y creativas.

7. ¿Qué papel desempeñan las negociaciones en la OMC?

   a. Permitir la apertura de mercados y la reducción de barreras comerciales.

   b. Resolver disputas comerciales entre los países miembros.

   c. Establecer normas y estándares internacionales en diversas áreas.

8. ¿Qué función tiene la solución de diferencias en la OMC?

   a. Resolver conflictos comerciales entre los países miembros.

   b. Brindar asistencia técnica y financiera a los países en desarrollo.

   c. Establecer normas y estándares para el comercio internacional.

9. ¿Qué es la relocalización en el ámbito del comercio internacional?

   a. Un proceso de deslocalización de industrias y actividades de creación de valor.

   b. Un proceso de repatriación de operaciones comerciales previamente trasladadas a otros países.

   c. Un proceso de externalización de la producción en países vecinos.

10.¿Qué motivó el aumento del *backshoring* y *nearshoring* en los años previos a la crisis del Covid-19?

a. La dependencia de ciertas economías, como China, y la fragilidad de las cadenas de valor.

b. La búsqueda de una mayor sostenibilidad de los procesos y una mejor alineación en las estrategias de la cadena de suministro.

c. La erosión de las ventajas de costos en economías emergentes y la conciencia de la necesidad de tener producción cercana a los mercados y la innovación.

11.¿Cuál de las siguientes organizaciones es considerada una organización internacional sui generis?

a. Organización Mundial del Comercio (OMC).

b. Unión Europea (UE).

c. Mercado Común del Sur (Mercosur).

12.Un mercado global es un:

a. Proceso político en el que se han de guardar las formas y el protocolo.

b. Un sistema de intercambio entre países por medio de relaciones económicas.

c. Un sistema económico para la gestión de bancos.

13.Una estrategia de internacionalización depende de:

a. El acceso a una distribución adecuada.

b. El acceso a la información del mercado adecuada.

c. El acceso adecuado a los fondos económicos necesarios.

14.Son criterios para la realización de una investigación de mercado:

a. Estrategia, producto, precio, distribución, publicidad y promoción.

b. Estrategia, producto, aranceles, página web y anuncios de promoción.

c. Estrategia, producto, precios, franquicias, promociones y merchandising.

15.Metodologías para el análisis de mercados globales se encuentran:

a. Basadas en obtención y análisis de datos económicos.

b. Basadas en obtención y análisis de datos cualitativos y cuantitativos.

c. Basadas en obtención y análisis de datos veraces.

16.Datos cualitativos son aquellos:

a. Que se pueden contar.

b. Que aportan información sobre opiniones.

c. Que se pueden estudiar estadísticamente.

17.Las fuentes de información disponibles para un análisis de mercado para una estrategia de internacionalización son:

a. Principalmente fuentes primarias.

b. Fuentes primarias y secundarias.

c. Fuentes primarias y terciarias.

18.Las etapas en la investigación de mercados internacionales serían:

a. Evaluación interna, determinar objetivos, señalar fuentes de información y metodología de investigación, recopilación, análisis y elaboración de conclusiones.

b. Señalar las fuentes de información, recopilar, datos, evaluarlos y señalar conclusiones.

c. Buscar información, discriminarla, evaluarla y hacer un informe con las conclusiones.

19. Las fuentes de exploración de mercados internacionales se dividen en tres tipos:

a. Directas, indirectas, concertadas.

b. Directas, soslayadas y compartimentadas.

c. Directas, no directas, controladas.

20. DAFO es el acrónimo de:

a. Debilidades, Actividades, Fortalezas y Ocasiones.

b. Debilidades, Amenazas, Física y Ortopedia.

c. Debilidades, Amenazas, Fortalezas y Oportunidades.

21. Un escenario global es:

a. Una técnica de recreación de entornos para el diseño de una marca.

b. Una técnica de recreación y estudio de condiciones de un entorno para tomar decisiones estratégicas.

c. Una técnica de recreación de entornos estratégicos para comparar condiciones de venta de un producto en el futuro.

22. Un escenario global se basa en otros métodos y técnicas prospectivas como:

a. El método analítico y el método complejo.

b. El método de impacto y el método de capacidades.

c. El método Delphi y el método de impactos cruzados.

23. Un proceso de internacionalización pasa por diferentes fases:

a. Organización, análisis, definición de objetivos, señalar un mercado, diseñar una estrategia y exportar.

b. Análisis de mercado, análisis de marketing y exportación.

c. Señalización de objetivos, estrategia de ventas y exportar.

24.Existen tres etapas en los procesos de internacionalización que son:

    a. Llegada, Desarrollo y Consolidación.

    b. Acceso, Entrada y Salida.

    c. Búsqueda, Acceso y Consolidación.

25.Un plan de organización o plan de trabajo es:

    a. Un documento resumen de las nóminas anuales que paga una organización.

    b. Un documento resumen de la estructura interna, organigrama y actividad de una organización

    c. Un documento resumen de las actividades que lleva a cabo una organización de manera anual.

26.Las políticas de apoyo se centran en líneas de actuación que se agrupan en tres bloques:

    a. Tipo de empresas que pueden acceder a las ayudas, valoración de mercados y valoración del tipo de operación.

    b. Nivel financiero de las empresas que accede, nivel administrativo y de estructura, y valoración de los objetivos de la ayuda solicitada.

    c. Número de empleados de la empresa que solicita, experiencia en el entorno exportador, valoración del tipo de operación.

27.Las principales líneas de actuación en políticas de internacionalización son:

    a. Publicidad, apoyo institucional, formación.

    b. Apoyo comercial, político, financiero, consultoría y asesoramiento, formación e intervención económica.

    c. Interlocución frente a organismos internacionales.

28. En cuanto a las políticas de financiación de operaciones internacionales será necesario que exista:

a. Un catálogo de productos y servicios para poder elegir aquellos que sean los más convenientes a la actividad.

b. Una oferta técnica, comercial y financiera específicas.

c. Una oferta comercial con un escalado de precios adecuados a cada propuesta de actividad señalada.

29. Un Cuadro de Mando Integral es:

a. Una metodología de gestión estadística para la organización del equipo de ventas de una organización.

b. Una metodología activa de estudio integral de actividades, áreas y departamentos de una organización.

c. Una metodología de gestión empresarial que describe una estrategia de negocios para medir el comportamiento de la actividad de la empresa.

30. Un CMI aporta información sobre la empresa y sus objetivos tomando como método de estudio cuatro perspectivas:

a. Financiera, Clientes, Procesos internos e Innovación y formación.

b. Financiera, Actividades, Formación, Personal.

c. Financiera, Clientes, Procesos, Personal.

31. ¿En qué año fue firmado el Tratado de Libre Comercio entre la Unión Europea y Canadá (CETA)?

a. 2016.

b. 2012.

c. 2008.

32.¿Cuál de las siguientes características es importante considerar en la logística global?

a. La centralización de la toma de decisiones.

b. La dependencia exclusiva de un proveedor.

c. La diversidad cultural.

33.¿Qué término se utiliza para describir el intercambio de bienes y servicios entre diferentes países?

a. Comercio internacional.

b. Comercio mundial.

c. Comercio planetario.

34.¿Cuántos países se incluyen el Acuerdo Transpacífico de Cooperación Económica (TPP)?

a. 11.

b. 12.

c. 16.

35.¿Qué estrategia busca adaptar los productos y mensajes de marketing a los gustos y preferencias de cada país?

a. Estandarización de marketing.

b. Personalización de marketing.

c. Adaptación de marketing.

36.¿Qué organización se encarga de regular el comercio internacional y promover la liberalización comercial?

a. OMC (Organización Mundial del Comercio).

b. FMI (Fondo Monetario Internacional).

c. ONU (Organización de las Naciones Unidas.

37.El concepto de *joint venture* se refiere a:

a. Una colaboración empresarial.

b. Un transporte marítimo.

c. Un tipo de arancel.

38.¿Cuáles son las siglas del tratado de comercio internacional de Iberoamérica?

a. TLCAN.

b. MERCOSUR.

c. GATT.

39.La inversión extranjera directa (IED) es una característica del/de la:

a. Marketing global.

b. Comercio internacional.

c. Logística.

40.¿Cuál es uno de los principales objetivos de una cadena de suministro eficiente?

a. Maximizar la producción interna.

b. Minimizar los costos de transporte.

c. Optimizar el tiempo y la calidad de entrega de productos y servicios.

Ejercicio de evaluación final

Solucionario

U. A. 1. La economía global

1. a	**6.** b
2. c	**7.** c
3. c	**8.** b
4. b	**9.** b
5. b	**10.** a

U. A. 2. Exploración y análisis de mercados globales

1. b	**6.** c
2. a	**7.** b
3. c	**8.** c
4. c	**9.** c
5. c	**10.** b

U. A. 3. Estrategias empresariales

1. b	**6.** b
2. a	**7.** c
3. c	**8.** b
4. c	**9.** c
5. a	**10.** c

U. A. 4. Marketing y comercio exterior

1. b   **6.** c

2. a   **7.** b

3. c   **8.** c

4. a   **9.** a

5. b   **10.** b

Bibliografía

Monografías

CZINKOTA, MICHAEL; RONKAINEN, ILKKA (2008). *Marketing internacional.* Cengage Learning Editores.

El título se ha convertido en uno de los libros imprescindibles sobre marketing internacional. En el se tratan todos los aspectos referentes a la temática, abordando un contexto internacional, profundizando en todos los aspectos del marketing internacional y, finalmente, desarrollando su administración global.

JEREZ RIESCO, JOSÉ LUIS (2011). *Comercio internacional.* ESIC Editorial.

En el presente libro se compila, con un enfoque altamente didáctico, el conjunto de temáticas referentes y vinculantes a las actividades transaccionales que se originan de la actividad comercial considerando los alcances globales que esta posee hoy en día.

LÓPEZ GONZÁLEZ, MARÍA ISABEL (2014). *Gestión del comercio exterior de la empresa: Manuel teórico y práctico.* ESIC Editorial.

En este libro se estudian de forma sencilla y pormenorizada determinados aspectos básicos del comercio exterior, que debe conocer una empresa que comercializa sus productos en los mercados internacionales como condiciones de envío, medidas de política comercial, obstáculos al comercio, medidas de fomento de la exportación y, en mayor profundidad, temas aduaneros.

STEGER, MANFRED B (2019). *Globalización: una breve introducción.* Antoni Bosch.

En esta breve introducción, Manfred B. Steger analiza las principales causas y consecuencias de la globalización, así como la polémica cuestión de si este fenómeno es o no, en última instancia, algo bueno.

Textos electrónicos

Baena-Rojas, Jose; Cano, Jose; Campo, Emiro (2018). *Metodología para la Selección de Mercados Internacionales: Un Análisis de Caso para la Exportación de Bebidas Carbonatadas* [En línea]. Dirección url: <https://typeset.io/papers/metodologia-para-la-seleccion-de-mercados-internacionales-un-4sciipc8nw>

Webgrafía

ASEAN
www.asean.org

Banco Mundial
www.bancomundial.org

Cómo evaluar el mercado internacional y hacer crecer tu negocio
https://www.questionpro.com/blog/es/como-evaluar-el-mercado-internacional/

Cómo hacer una investigación de mercados internacionales
https://blog.hubspot.es/marketing/investigacion-mercados-internacionales

Diferentes estrategias de internacionalización de una empresa
https://www.beedigital.es/impulsa-negocio/diferentes-estrategias-de-internacionalizacion-de-una-empresa/

Estrategia de internacionalización
https://economipedia.com/definiciones/estrategia-de-internacionalizacion.html

Estrategias de internacionalización que debes conocer
https://www.obsbusiness.school/blog/estrategias-de-internacionalizacion-que-debes-conocer

Fondo Monetario Internacional

www.imf.org

Internacionalización: qué es, proceso, estrategias y ejemplos

https://blog.hubspot.es/sales/internacionalizacion

Los 5 modelos de entrada al mercado internacional

https://blog.up.edu.mx/los-5-modelos-de-entrada-al-mercado-internacional

Método de los escenarios

https://guiasjuridicas.laley.es/Content/Documento.aspx?params=H4sIAAAAAAAEAMtM
SbF1jTAAASMTMwsjtbLUouLM_DxbIwMDS0NDQ3OQQGZapUt-
ckhlQaptWmJOcSoAnNKyMDUAAAA=WKE

ONU

www.un.org

Organización Mundial del Comercio

www.wto.org

Parlamento Europeo

https://www.europarl.europa.eu/portal/es

Plan de organización: Qué es y cómo hacerlo

https://anatrenza.com/plan-de-organizacion-que-es/

Plan de trabajo: qué es, como elaborarlo y ejemplos

https://www.oberlo.es/blog/plan-de-trabajo

Planificación organizacional: definición, etapas y tipos

https://blog.hubspot.es/sales/planificacion-organizacional

UNCTAD

https://unctad.org/es

Bibliografía